शब्द के आठ कदम

वाणी प्रकाशन

21-ए, दरियागंज, नयी दिल्ली-110002

Ph : 23273167, 23275710, 51562621, 51562622
Fax : 23275710
email : vani_prakashan@yahoo.com
vani_prakashan@mantraonline.com

शब्द के आठ कदम

पूरन मुद्गल

वाणी प्रकाशन का लोगो
प्रख्यात चित्रकार मक़बूल फ़िदा हुसेन की
कूची से

ISBN 81-8143-216-9

वाणी प्रकाशन
21-ए, दरियागंज, नयी दिल्ली-110002
द्वारा प्रकाशित
प्रथम संस्करण : 2004

मूल्य : रूपये 200/-

शुभम ऑफसेट, दिल्ली-110032
द्वारा मुद्रित

Shabd ke Aath Kadam
by Puran Mudgal

बड़े भाई –
श्री सीताराम शर्मा
तथा
अनुजा
दमयंती वशिष्ठ को
सादर-सस्नेह!

प्राक्कथन

हिन्दी और पंजाबी के रचनाकार जो कि इस कृति में शामिल हैं उन सभी से कमोबेश निजी सम्पर्क रहा। कुछ से औपचारिक तो कुछ से अंतरंग। जिनसे अंतरंगता रही उन पर लिखना आसान नहीं था क्योंकि जानकारी के ढेर से साहित्यिक मूल्य के अंशों तथा निजी जीवन की उल्लेख्य घटनाओं का चयन सरल नहीं था। उनके विषय में बहुत कुछ जानते हुए भा बहुत कुछ छोड़ना अनिवार्य था। ठीक वैसे ही जैसे हम अपने बारे में सब कुछ जानते हुए भी सब कुछ प्रकट करने की जोखिम नहीं उठाते। अतः यह विवाद का विषय बना रहेगा कि हम पूरा सच कहें कि उसे तराश कर प्रकट करें। साहित्य और कला दूसरे रास्ते पर चलने की मांग करते हैं। साहित्य का यथार्थ जीवन के यथार्थ से भिन्न होता है। साहित्य के यथार्थ में कल्पना और कला के तहत शिल्प के अपने तकाज़े होते हैं जो जीवन के यथार्थ में अनुपस्थित न सही गौण जरूर होते हैं।

भले ही दार्शनिक अर्थ में, बुल्लेशाह ने कहा था– 'बुल्लिया की जाणां मैं कौण।' पंजाबी कथाकार गुरदयाल सिंह ने भी अपनी आत्मकथा का शीर्षक रखा–'क्या जानूँ मैं कौन' जिसमें जीवन की हकीकत को साहित्य के यथार्थ में बदलने की कला तो है ही, अनेक अवांछनीय घटनाओं से बच निकलने का रास्ता भी।

लेखक या तत्ववादी यहाँ तक कि आम आदमी भी अपने आप को जानना चाहता है। एक अध्यात्मवादी आत्मदर्शन के ज़रिये जीवन की सच्चाई ढूँढता है तो एक सामान्य जन वैयक्तिक और सामाजिक संदर्भों में अपने व्यवहारगत क्रिया कलाप का निरीक्षण करते हुए प्रतिष्ठा और सम्मान की चाह रखता है। समाज में अपनी छवि के मूल्यांकन के प्रति वह मन ही मन एक विद्यार्थी की परीक्षा-परिणाम की उत्सुकता जैसा भाव रखता है। सामाजिक मनोविज्ञान के मुताबिक हम जानना चाहते हैं कि लोग हमारे बारे में क्या कहते हैं, क्या सोचते हैं। यदि आप लेखक हैं तो, यह भी कि आपकी रचनाओं के विषय में समालोचक की क्या टिप्पणी है। हरिभजन सिंह रेणु ने इसी स्थिति के अंतर्गत कहा होगा–

कभी कभी तो मैं भी चाहता हूँ
निकलूँ अपने आप से बाहर

और देखूँ अपने आप में जो मुझे नज़र नहीं आता
और दूसरे देखते हैं। (पंजाबी सं रूपांतरित)

देखना, स्वयं को अथवा दूसरे को, एक तटस्थ भाव की अपेक्षा रखता है। मुश्किल यह है कि हम न अपने प्रति, न दूसरे के प्रति तटस्थ हो पाते हैं। कहीं न कहीं राग, द्वेष, मोह, भय, भ्रम, श्रद्धा आदि भाव या फिर अपनी विचारधारा अथवा जीवन दृष्टि हमारे रास्ते में आ खड़ी होती हैं। और तब हमारे सबजैक्ट (लक्ष्य व्यक्ति) और उसके कृतित्व के गिर्द उक्त भावों द्वारा रचे चक्रव्यूह को भेदना आसान नहीं होता। यह सब जानते हुए भी हम दूसरों के विषय में न केवल अपनी राय बनाते हैं अपितु उसे यथासमय व्यक्त भी करते हैं।

पुस्तक में शामिल लेखकों की बात करें तो कहना होगा कि जो कुछ उन्होंने अपनी साहित्यिक विधा के माध्यम से सृजित किया उसे ही एक साहित्य अध्येता के रूप में देखने का प्रयत्न किया गया है। उनके सृजन की राहों से गुज़रते हुए उनके जीवन की उन घटनाओं का उल्लेख जरूरी था जिनसे उनका लेखन उत्सित, प्रभावित एवं विकसित हुआ। जाहिर है कि लेखक की शब्द यात्रा उसकी जीवन यात्रा के साथ छाया की तरह चलती है। उस छाया के घटते बढ़ते रूप को, उस छायाकृति की कलात्मकता को आकार देने का प्रयास ही इस कृति का लक्ष्य रहा है।

प्रस्तुत साहित्यकारों को एक विशेष कोण से देखने-परखने का प्रयत्न किया गया है। उनके समग्र कृतित्व की व्याख्या अथवा समूचे जीवन में झांकना लेखक के लिए न तो संभव था, न उसका लक्ष्य। उसे साहित्यकारों की जिन कृतियों ने प्रभावित किया अथवा ज़िंदगी की जिस खूबी ने कशिश पैदा की उसे ही आकार देना अपेक्षित था। यह बहुत हद तक आंशिक चित्रण है—उनके जीवन का भी, कृतित्व का भी। किन्तु इस दृष्टि से सम्पूर्ण भी कि उनके जिस पक्ष को छुआ गया है, वह इतना महत्वपूर्ण है कि शेष पक्षों की झलक उनमें दिखाई दे जाती है। महावीर के अनेकान्त दर्शन ने जीवन को विभिन्न कोणों से देख रहे सभी व्यक्तियों को सही ठहराया है। जरूरी यह है कि देखना पूर्वाग्रह ग्रसित न हो।

कुछ लेखकों के आकलन में उनसे कहलाई बातें उनकी अपनी न होते हुए भी इस दृष्टि से उनकी हैं कि वे स्थिति विशेष में वैसा ही कहते जो उनसे कहलवाया गया है। फ्रांस की लेखिका कैथरिन क्लैमां ने इसी सच्चाई को अपने उपन्यास 'एडविना और नेहरू' की भूमिका में रेखांकित किया है—'यह एक ऐतिहासिक उपन्यास है। मैंने निःसंकोच इसमें कुछ ऐसी स्थितियाँ जोड़ी हैं जो घटित नहीं हुईं किन्तु संकेत ऐसे थे कि वे घटित हो सकती थीं।'

पुस्तक में चार हिन्दी के लेखक हैं और चार पंजाबी के। मातृभाषा हरियाणवी/हिन्दी होते हुए भी पंजाबी मेरे परिवेश की भाषा रही। फ़ाज़िलका जहाँ मैं जन्मा, पढ़ाई की और सिरसा जहाँ मैं अधिक समय सेवारत रहा, दोनों ही ऐसे नगर हैं जो द्विभाषी

हैं। लेखक वर्ग में भी दोनों भाषाओं के लेखकों से सम्पर्क रहा। फलतः संकलित लेखकों का चयन आत्मीय तथा भावनात्मक संतोष तो था ही, यह अहसास भी था कि एक भाषा की खिड़की दूसरी भाषा के आँगन में खुल रही है। उम्मीद है पाठक इस खिड़की के आर पार दोनों तरफ की बयार के झोंकों का स्पर्श सुख अनुभव करेगा।

सिरसा, 21 जुलाई 2004

—पूरन मुद्गल

अनुक्रम

प्राक्कथन 7

हिन्दी

1. हंसराज रहबर 15
2. उदयभानु हंस 31
3. सुगनचंद मुक्तेश 45
4. कमला चमोला 61

पंजाबी

5. करतार सिंह सुमेर 79
6. गुरशरन सिंह 99
7. गुरदयाल सिंह 119
8. हरिभजन सिंह रेणु 137

अनुकथन 149

हिन्दी

टिप्पणी

"तुम जिन्हें प्रगतिशील मानते हो, वे दरअस्ल बहुरूपिये हैं। उनमें और प्रयोगवादियों में कुछ भी अंतर नहीं। दोनों एक ही थैली के चट्टे-बट्टे हैं। दोनों पश्चिम के पतनोन्मुख साहित्य की कार्बन कापी हैं और दोनों समाज विरोधी और परंपरा विरोधी हैं। उनका लेखन दिशाहीन विद्रोह की चिल्लपों हैं।"

— हंसराज रहबर

हंसराज रहबर : प्रेमचंद का 'उत्तराधिकारी'

वह सात जन्म लेकर भी संतुष्ट नहीं था और आठवें जन्म की तैयारी में था। एक राष्ट्रीय पत्र के भेंटकर्ता को उसने कहा था कि यदि चौथी कम्युनिस्ट पार्टी का गठन हुआ तो मैं उसका पहला सदस्य बनूंगा। लेकिन 23 जुलाई 1994 को मौत की दस्तक ने उसका सपना तोड़ दिया। जीवन के अंतिम दिनों तक कलम से रिश्ता निभाने वाले हिंदी के प्रगतिशील लेखक तथा क्रांतिकारी चिंतक हंसराज रहबर ने साहित्यिक मुद्दों पर सदा जुझारू रुख अपनाया। मृत्यु से कुछ दिन पूर्व वे बीमार चल रहे थे। उन्हीं दिनों दिल्ली में फोन पर हुई बातचीत में वे काफी उत्तेजित जान पड़े। उत्तेजना का कारण उनकी बीमारी न होकर साहित्य से जुड़े कुछ तात्कालिक मुद्दे थे। अपने नए कहानी संग्रह 'पथ कुपथ' का जिक्र करते हुए दुःख और आक्रोश के स्वर में बोले, 'आज साहित्यकारों का भी माफिया बन गया है।' और अपनी निःशेष शक्ति संजोकर कहा, 'उनके खिलाफ लड़ाई छेड़ना जरूरी हो गया है। यहां आ जाओ विस्तार से बात करेंगे।' खेद रहा कि उनके शाहदरा स्थित निवास पर नहीं जा सका। 22 वर्ष पूर्व उनसे हुई पहली भेंट में ही रहबर इतने आत्मीय हो गए कि कालांतर में यह परिचय संबंधों की घनिष्ठता में बदल गया।

अपने लघुकथा संग्रह की भूमिका के संबंध में हंसराज रहबर से पहली बार मिलने दिल्ली गया था। अक्षर प्रकाशन से उन्हें फोन किया। बोले- दरियागंज से शाहदरा के लिए अमुक नम्बर बस मिलेगी। बस से उतरकर राधू टाकीज के पास से डाकघर को जाने वाली सड़क...। मुझे उनके निवास पर पहुंचने में कोई कठिनाई नहीं हुई। रहबर अपनी बैठक में थे। एक साधारण कमरा। मेज पर और अलमारी में किताबों के ढेर। एक दीवार पर मार्क्स और एंगल्स की तस्वीरें। आगे को झुकी मार्क्स की तस्वीर के पीछे का खाली स्थान एक गौरैया ने घोंसले के लिए उचित समझ लिया था। घोंसले के कुछ तिनके बाहर तक लटक रहे थे। कुछेक नीचे रखी मेज पर आ गिरे थे। मार्क्स की तस्वीर रहबर को अच्छी लगती थी। रहबर को वो घोंसला भी प्रिय था जिसे चिड़िया ने रहबर के आंगन में इधर-उधर बिखरे तिनकों से बनाया और जिस पर बैठकर वह सुबह-शाम चहचहाती।

रहबर की वेशभूषा, रहन-सहन बिल्कुल साधारण। उनकी बातचीत में सहजता और साफगोई। रहबर की रचनाएं 1938 से उर्दू-हिंदी की स्तरीय पत्र पत्रिकाओं में

प्रकाशित होने लगी थीं। सातवीं कक्षा में 'रहबर' तखल्लुस रखकर तुकबंदी शुरू की। उन्होंने उपन्यास, कहानी, जीवनी समालोचना आदि पर पचास के करीब पुस्तकें लिखीं।

रहबर का लेखन सोद्देश्य, सुबोध और तर्कसंगत है। उन्हीं के जीवन की तरह। इस दृष्टि से वे प्रेमचंद के बहुत निकट हैं। कलावादी लेखक रहबर की रचनाओं में कलाहीनता का दोष देखते हैं। लेकिन रहबर के अनुसार-'ऐसे लेखक मानते हैं कि जटिलता में कला बसती है। वे केवल विशेषज्ञों के लिए लिखते हैं। कला की यह धारणा जन विरोधी है।' इस विषय में विष्णु प्रभाकर का संतुलित मत है- कहा जाता है कि रहबर सिद्धांतों से आक्रांत रहते हैं। उनके साहित्य पर भी वे हावी रहते हैं और कला उपेक्षित होती रहती है लेकिन मैं जानता हूं वे कभी-कभी उनसे मुक्त भी होते रहते हैं।

रहबर ने कभी अपने को वाद विशेष या व्यक्ति विशेष से नहीं बांधा। प्रगति की सही परिभाषा उनके तईं यह थी कि जब किसी विचारधारा में कट्टरता और कठमुल्लावाद घर कर जाए तो उससे जुड़े रहना मानसिक जड़ता से अधिक कुछ नहीं है। उनकी आत्मकथा 'मेरे सात जन्म' इसी धारणा को परिपुष्ट करती है। चार खंडों में प्रकाशित पुस्तक की भूमिका में उन्होंने कहा कि 'पुनर्जन्म के सिद्धान्त में तो मेरा विश्वास नहीं है पर यह अनुभव की बात है कि मनुष्य को प्रगतिशील अथवा क्रांतिकारी बने रहने के लिए एक ज़िंदगी में कई जन्म लेने पड़ते हैं। बदलने की इस प्रक्रिया में मेरे सात जन्म हो चुके हैं - सनातनधर्मी, आर्यसमाजी, कांग्रेसी, सोशलिस्ट कांग्रेसी, कम्युनिस्ट, मार्क्सी कम्युनिस्ट, नक्सलवादी।

रहबर का जन्म गरीबी में हुआ और बचपन ही से गरीबी के खिलाफ संघर्ष करना पड़ा। फिर जब राजनीति में भाग लेना शुरू किया तो यह संघर्ष देश की आजादी से जुड़ गया। 'मेरी आप बीती जग बीती बन गई। अर्थात् यह किसी व्यक्ति विशेष की कहानी न होकर बीसवीं सदी के प्रारंभ से लेकर आज तक का हमारा सामाजिक, सांस्कृतिक और राजनीतिक इतिहास है।'

उनके दूसरे जन्म की कहानी रोचक तो है ही उसमें रहबर के क्रांतिकारी रुझान के बीज भी मौजूद हैं। इसी से उनके विचारों की विकास यात्रा शुरू हुई। स्थितियों और व्यक्तियों को खुली आंख से देखते हुए हर बात को तर्क के आधार पर स्वीकार करना उनका स्वभाव बन गया। कहानी यूं है—रहबर टोहाना में छठी कक्षा में पढ़ रहा था। वार्षिक परीक्षा देकर वह अपने गांव हरियाऊ संगवां आया। किसी ब्याह-शादी के सिलसिले में माँ मायके चली गई। छोटा भाई माडू और रहबर घर पर थे। अचानक छोटे भाई की आँखें आईं और आठ-दस दिन तक दुखती रहीं। माँ ने मायके से लौट कर पूछा- 'वीरवार को पीर का दिया जलाया था?'

'नहीं' रहबर ने कहा।

'तुम से यह भूल हुई और इसी से नन्हे की आँखें दुखनी आईं।' माँ ने रोग का कारण बताया।

माँ धर्मभीरू और रूढ़िवादी थी। बरसों से पीर की मजार पर दिया जलाती आ रही थी। मेंह, आँधी, तूफान कुछ भी हो, पीर के मजार पर दिया अवश्य जलेगा। यह काम बहुत बार रहबर खुद भी करता। इस बार नागा हुआ तो इसलिए कि माँ घर पर नहीं थी। शहर में चले जाने से रहबर की आदत छूट गई थी, उसे भी याद नहीं रहा।

अगला वीरवार आया तो माँ ने दूना-तिगुना घी और अंगुली जितनी मोटी रूई की दो बत्तियाँ पीतल की प्याली में रखकर दीं और बेटे को हिदायत की कि वह इस बार दो दिये जलाकर पीर से भूल बख्शवाए और नन्हें की आँखें अच्छी हो जाने की प्रार्थना करे। रहबर घी और बत्तियाँ लेकर चला तो यह साधारण बात थी। पर चलते-चलते ना जाने क्यों उसके मन में आशंका उत्पन्न हुई- क्या छोटे भाई माड़ू की आँखें सचमुच पीर की नाराजगी से आईं। माँ तो ऐसा ही मानती है। किंतु सवाल यह है कि अगर भूल भी हुई तो इसमें माड़ू का क्या दोष है। भूल की सजा उसे ही क्यों मिली? रहबर को शहर का दोस्त जीतू याद आया जो माता-मसानी, पीर-फकीर और मूर्ति पूजा को ढोंग बताता था। एक आर्य समाजी बुजुर्ग का चेहरा दिखाई दिया जो कार्य और कारण के सिद्धान्त की व्याख्या किया करता था। इन्हीं विचारों की ऊहापोह में वह गाँव के जोहड़ के निकट पहुँच गया। पीर की मजार अभी आधा मील दूर थी। मजार पर मिट्टी के अनगिनत दिये रखे रहते थे जो चिकनाहट, धूल और धूएँ से भद्दे और काले दीख पड़ते थे। 'भद्दे और काले।' रहबर ने सस्वर कहा और वहीं रुक गया। सूरज डूब रहा था। उसकी किरणों से रहबर के चेहरे पर लालिमा फैल गई। उसने एक नजर डूबते सूरज पर और एक अपने भीतर डालते हुए प्याली से बत्तियाँ उठाकर हाथ के एक झटके के साथ जोहड़ में फैंक दीं। घी उसने चाट लिया।

दूसरे वीरवार को माँ ने कहा, 'देखा दो दिये जलाए तो भाई की आँखें चंगी हो गईं। जा इस बार भी तू ही दिया जलाने चला जा।' 'मैं अब दिया जलाने नहीं जाऊँगा' कहते हुए रहबर ने जोहड़ में बत्तियाँ फैंकने की बात माँ से बताई तो वह अवाक् रह गई।

वह सनातनी से आर्य समाजी बन गया था। 'यह मेरा दूसरा जन्म था।' रहबर ने आत्मकथा में दर्ज किया।

जिला संगरूर (पंजाब) के गाँव हरियाऊ संगवां में 9 मार्च 1913 को एक साधारण परिवार में जन्मे रहबर के पास हिम्मत, मेहनत और क्रांतिधर्मा प्रतिभा के अलावा जिंदगी के सफर पर गामजन होने के लिए किसी और पाथेय का संबल नहीं था। लुधियाना और लाहौर में एम.ए. तक की शिक्षा अखबार बेचकर और ट्यूशनें

पढ़ा कर पूरी की।

रहबर जब आर्य हाई स्कूल लुधियाना का विद्यार्थी था तो अपनी पढ़ाई और होस्टल का खर्च निकालने हेतु अखबार बेचता। बारह बजे स्कूल की छुट्टी होते ही वह अखबार बेचने निकल पड़ता। अखबार बेचना उसके लिए आजीविका का साधन तो था ही, उसकी शिक्षा का भी साधन बन गया। रहबर ने लिखा कि यही वास्तविक शिक्षा थी जिस पर उसके भविष्य की नींव पड़ी। कारण यह कि उन दिनों लाहौर में षड्यंत्र केस चल रहा था जिसमें बाईस क्रांतिकारी नौजवानों को अभियुक्त बनाया गया था। उनमें भगत सिंह और बटुकेश्वर दत्त असेम्बली में बम फेंक कर गिरफतार हुए थे। राजगुरु, सुखदेव, शिव वर्मा और जितेंद्रनाथ दास इत्यादि लाहौर और सहारनपुर की बम फैक्ट्रियों से अथवा क्रांतिकारी गतिविधियों के लिए देश के विभिन्न भागों से गिरफतार करके लाए गए थे। जेल की हालत सुधारने के लिए उन्होंने दो महीने लंबी हड़ताल की। जितेंद्रनाथ दास 63 दिन की भूख हड़ताल के कारण जेल में शहीद हो गए। उसकी शहादत ने देश की सुप्त आत्मा को झकझोर दिया था और इन्कलाब जिंदाबाद का नारा हिमालय से कन्याकुमारी तक गूंज उठा था। असैम्बली में बम विस्फोट से रहबर में जिस नई चेतना का प्रादुर्भाव हुआ वह विकसित हो रही थी। अखबार से जुड़कर वह इस चेतना से जुड़ गया। जहां दूसरे हाकरों के लिए अखबार बेचने का उद्देश्य रोजी कमाना था वहीं इस काम ने रहबर के क्रांतिकारी दृष्टिकोण को पुख्तगी दी। वह क्रांतिकारियों की गतिविधियों का प्रचारक भी बना। स्टेशन पर जाकर वह पार्सल खुलते ही मुख पृष्ठ पर नजर डालता और सुर्खियां पढ़ लेता। क्रांतिकारी नौजवानों के मुकदमें में लोगों की विशेष रुचि थी। उनके विषय की सुर्खियों को वह बोलता तो लोग अखबार खरीदने को लपकते। कुछ लोग तो उसके सुर्खी बोलने के अंदाज से ही स्थायी ग्राहक बन गए। रहबर ने कहा कि मैं सिर्फ अखबार बेचने के लिए सुर्खियाँ नहीं बोलता था। मेरे स्वर से सरफरोशी की वह तमन्ना भी ध्वनित होती थी जो विदेशी सत्ता के लिए चुनौती थी। दीये से दीया जलता है। जब वह होस्टल में दूसरे लड़को को ये खबरें सुनाता तो उनके मन में भी देशभक्ति और सरफरोशी की भावना उत्पन्न होती।

स्कूल के वार्षिक उत्सव में स्कूल की गतिविधियों और प्रगति की रिपोर्ट पढ़ी गई, होशियार लड़कों को पुरस्कार बाँटे गए। इसके अलावा नई बात यह हुई कि मुख्याध्यापक ने रहबर को मंच पर बुलाया और कहा- हमें गर्व है कि हमारे स्कूल का यह विद्यार्थी न केवल पढ़ने में होशियार है बल्कि अखबार बेचकर अपना खर्च खुद चलाता है। हम श्रम के प्रति उसकी सम्मान भावना की सराहना करते हुए उसे 'सेल्फ हैल्प' का सर्टीफिकेट देते हैं। रहबर का सर गर्व से ऊँचा उठ गया। रहबर ने लिखाः सामाजिक दृष्टि से अखबार बेचना, हाकरी करना एक हेय कार्य है। जब मुझे 'अरे अखबार वाले' कहकर पुकारा जाता तो मेरे जन्मगत संस्कार आहत होते

थे और मैं मन ही मन तिलमिला कर रह जाता। स्वावलंबी बन जाने की खुशी के बावजूद मन में एक प्रकार की ग्लानि बनी हुई थी। 'सेल्फ हेल्प' के सर्टीफिकेट ने इस आत्मग्लानि को मिटा दिया।

'मेरे सात जन्म' खंड-2 में बी.ए. तक पढ़ाई के लिए कशमकश तथा लेखन की शुरुआत के अनुभव हैं- लुधियाना के आर्य हाई स्कूल से प्रथम श्रेणी में मैट्रिक पास करके वह डी.ए.वी. कालिज लाहौर का छात्र बन गया। मुख्याध्यापक ने डी. ए.वी. कालिज के प्रिंसीपल के नाम सिफारशी चिट्ठी दी थी जिससे फीस माफ हो गई। होस्टल की फीस-खर्चा वहन करने में असमर्थ वह दिन में सहपाठियों के साथ होस्टल में रहता तो रात किसी मित्र के घर या धर्मशाला में। 'एक मित्र ने अग्रवाल आश्रम में रहने की व्यवस्था कर दी और एक छोटी सी ट्यूशन भी दिला दी।'

वह एक साप्ताहिक के सम्पादक की सात-आठ बरस की बेटी को अनारकली बाजार में पढ़ाने जाता। इस ट्यूशन का किस्सा रहबर की आत्मकथा में प्रकाशित क्या हुआ कि दिल्ली के साहित्यकारों और काफी हाउस में यह चर्चा का विषय बन गया। रहबर ने लिखा कि संपादक की बेटी के अलावा संपादक की एक स्थूल, बेडौल और काली कलूटी बहिन भी ट्यूशन के लिए आ बैठी। 27-28 वर्ष की वह महिला परित्यक्ता थी। पढ़ाई की आड़ में वह अपनी अतृप्त कामनाओं की तृप्ति चाहती थी। उसकी कामुकता तो खैर स्वाभाविक थी, 'पर छोटी लड़की की हरकतें और भी अजीब थीं। वह अकेले में चट अजारबंद की ओर हाथ बढ़ाती, मना करने पर भी न मानती, जिद करती और मचलती।' लड़की की अश्लील हरकतों का रहबर ने कुछ और खुलकर चित्रण किया जो चर्चा का 'गर्म विषय' बन गया – रहबर को यह क्या हो गया। वह अब खुद को भी बेनकाब करने लग गया।

मैंने जब आत्मकथा का विवादास्पद अंश पढ़ा तो इस विषय में उन्हें पत्र लिखा तथा गाँधी-नेहरू-गालिब बेनकाब पुस्तकों की पृष्ठभूमि भी जाननी चाही। रहबर का जवाब उनके दिनांक 18-2-88 के मूल पत्र से उद्धृत है-

"...अब तुम्हारे प्रश्नों का उत्तर" :

'मेरे सात जन्म' के दूसरे खंड की लड़की जो कुत्सित हरकतें करती है उसके लिए वे लोग जिम्मेवार हैं जिनके लिए पैसा, खाना-पीना ही सब कुछ है और उनके जीवन में संस्कृति का नितांत अभाव है। इससे बचपन से उसकी मासूमियत छीन लेने वाला कुत्सित वातावरण पैदा होता है। नन्ही लड़की की थुलथुल बुआ जिसे उसके पति ने त्याग दिया है चलती-फिरती अतृप्त वासना है। उसे भी इसी माहौल ने पैदा किया है।

"आत्मकथा लिखते समय मैंने यह महसूस किया है कि अतीत की वे छोटी-छोटी घटनाएँ जिनमें सामाजिक तथ्य होता है वे कभी भूलती नहीं। ऐसी घटनाओं ने बलात् अपने को लिखवाया है। पहले खंड में दो मुस्लिम युवतियों के

मुझ से खत पढ़वाने-लिखवाने की घटना अविस्मरणीय है। और मैं तुम्हें बताऊँ, इन दोनों घटनाओं ने पाठकों का ध्यान विशेष रूप से आकर्षित किया है।

"'गाँधी बेनकाब' की भूमिका पढ़ लो। उसमें तीनों पुस्तकों की पृष्ठभूमि स्पष्ट कर दी गई है। छपने पर आम प्रतिक्रिया यह थी कि मेरा काम चरित्र हत्या अथवा टांग खींचना है। इसने मुझे अलगाव की स्थिति में डाल दिया था। मैं रेडियो और टैलीविजन पर ब्लैक लिस्ट हो गया और अब तक हूँ। लेकिन पाठक का रवैया बदला है। अब सभी पुस्तकें खोज-खोजकर पढ़ी जा रही हैं। पिछले दिनों 'नेहरू बेनकाब' का दूसरा संस्करण छपा। मुझे सत्य बात कहने-लिखने का श्रेय मिल रहा है।"

रहबर द्वारा लड़की और उसकी बुआ के व्यवहार का स्पष्टीकरण पाठकों, आलोचकों को कितना संतुष्ट करता है, इसका निर्णय वे स्वयं ही करेंगे।

लाहौर का ब्रेडला हॉल उन दिनों राजनीतिक गतिविधियों का केंद्र था। वहाँ दो-दो रूपये महीने के काफी कमरे थे। रहबर ने वहीं रहने का मन बनाया। वहां पहुंचा तो कोई कमरा खाली नहीं मिला। नेक दिल कारकुन बाबू सिंह ने उसे आश्वस्त किया कि दो-चार दिन तक एक कमरा खाली हो जाएगा, फिलहाल वह हाल कमरे में अपना सामान रख ले। रहबर वहाँ रहने लगा। कमरे में तीन-चार कुर्सियाँ, एक बड़ी मेज, अल्मारियों में किताबें और पत्रिकाएँ थीं। वहीं एक उर्दू रिसाला 'आलमगीर' उसके हाथ लगा जो रूसी साहित्य का विशेषांक था उसमें गोगोल, चेखव, गोर्की की रचनाएं थीं। गोर्की के परिचय में उसके संघर्षमय जीवन का उल्लेख था। उसने जनता में रहकर जनता से सीखा और उसी अनुभव को कहानियों में उतारा तो वह एक अदना आदमी से विख्यात लेखक बन गया। पत्रिका में गोर्की की कहानी 'खजां की रात' रहबर को बहुत पसंद आई। "जारशाही के विरूद्ध आवाज बुलन्द करने वाले पुश्किन की कहानी 'हुक्म की बेगम' इतनी रोचक थी कि मैं सब कुछ भूल कर उसी में डूब गया। कहानी समाप्त हुई तो मुझे लगा कि मेरे भीतर कुछ टूट फूट गया है। मुझे कुछ विशेष उपलब्धि हुई है। रूसी साहित्य से मैं पहली बार परिचित हुआ। मेरे मन में दुनियां के प्रथम समाजवादी देश के प्रति प्यार का अंकुर फूटा और जीवनधारा अनजाने ही एक विशेष दिशा में मुड़ना शुरू हुई।"

बाबू सिंह ब्रेडला हॉल का मैनेजर था। ला0 लाजपत राय द्वारा स्थापित नेशनल कालिज से बाबू सिंह ने बी.ए. पास की थी। उसी की प्रेरणा से रहबर ने विक्टर ह्यूगो का 'ला मिजरेबल' पढ़ा। तभी उसने बालजाक, फलाबेयर, एमिल ज़ोला के उपन्यास, मोपासाँ की कहानियाँ, रूसो और वाल्टेयर का साहित्य मन लगाकर पढ़ा। उन्हीं दिनों राष्ट्रीय आंदोलन में दायें और बायें का संघर्ष तेज हुआ। वाम विचारकों ने ब्रेडला हाल के एक भाग पर कब्जा कर लिया था। कम्युनिस्ट पार्टी अवैध थी। अतः पंजाब के अधिकांश वामपंथी 'कांग्रेस सोशलिस्ट पार्टी' में शामिल थे। मुंशी

अहमददीन, सोढ़ी पिंडीदास, टीका राम सुखन, प्रिंसीपल छबीलदास, देवदत्त अटल, इंद्रदत्त आदि लाहौर में प्रमुख नेता थे। इनमें अधिकांश की स्थायी रिहायश ब्रेडला हाल में थी। रहबर के लिए वहाँ रहना राजनीतिक शिक्षा का साधन बन गया। ब्रेडला हाल का एक कमरा भगत सिंह परिवार के लिए सुरक्षित था। उसका गांव झुग्गी खासरियाँ लाहौर से 3-4 मील की दूरी पर था। दूसरा गाँव बंगा लायपुर जिले में था।

ब्रेडला हाल के माहौल, रूसी साहित्य, प्रेम चंद की कहानियों, आसपास की राजनीतिक हस्तियों के प्रभावाधीन रहबर कांग्रेस सोशलिस्ट पार्टी का सदस्य बन गया। यह उसका 'चौथा जन्म' था। 'तीसरे जन्म' में वह अपने विदेशी कपड़ों की होली जला कर कांग्रेसी बना था।

प्रेमचंद रहबर का प्रिय लेखक था। संयोग ऐसा हुआ कि अप्रेल 1936 में आर्य समाज गुरुकुल लाहौर की एक गोष्ठी में प्रेमचंद को अध्यक्षता करने के लिए बुलाया गया। रहबर उनसे मिलने को लालायित हो उठा। कालिज लाइब्रेरी में प्रेमचंद की जितनी पुस्तकें उपलब्ध थीं, रहबर ने वे सब पढ़ ली थीं। वह प्रेमचंद से उनके उपन्यासों और कहानियों के विषय में कुछ शंकाओं का समाधान चाहता था। लेकिन रहबर साहस नहीं जुटा पाया। उसने लिखा- प्रेमचंद ने खद्दर का कुर्ता-धोती पहना हुआ था, सिर पर नोकीली गाँधी टोपी। भव्य चेहरे पर घनी मूंछें। मैंने इस व्यक्ति को देखा-सुना और गोष्ठी समाप्त हो जाने के उपरान्त बहुत करीब खड़ा देखता रहा लेकिन मुझे जो कुछ पूछना था, पूछने की हिम्मत नहीं हुई। भीति ने जुबान बंद कर दी।

रहबर की कहानी 'ओवरकोट' दैनिक उर्दू 'प्रताप' में छपी तो उसके पाँव जमीन पर नहीं पड़ रहे थे। 'आपने आज का प्रताप पढ़ा है? देखिए, मेरी कहानी छपी है।' वह हर मिलने-जुलने वाले से पूछता और कहानी वाला पृष्ठ उसके सामने यों फैला देता 'जैसे एक दूसरे प्रेमचंद का उदय हुआ है।'

'चांद' पत्रिका में प्रेमचंद की कहानी 'कफन' पढ़ कर रहबर ने भी उसी तरह की कहानी लिखकर भेजी। किंतु कहानी वापिस आ गई। उसे 'चांद' के संपादक पर बहुत गुस्सा आया। उसने सोचा जब बी.ए. कर लूँगा तब छापेंगे। उन दिनों लेखकों के नाम के साथ प्रायः बी.ए.-एम.ए. लिखने का प्रचलन था।

रहबर ने छह महीने बाद जब प्रेमचंद की मृत्यु का समाचार सुना तो उसे लगा जैसे उसके किसी सगे-संबंधी की मौत हो गई हो। प्रेमचंद देश के असंख्य लोगों का सगा-संबंधी था। हजारों-लाखों लोग रातों जाग-जाग कर उसकी कहानियाँ पढ़ते थे। रहबर ने बाद में प्रेमचंद को जिस ढंग से पढ़ा, कम लोगों ने उस दृष्टि से पढ़ा होगा। रहबर की पुस्तक 'प्रेमचंदः जीवन, कला और कृतित्व' बेजोड़ कृति है। प्रेमचंद को जानने-समझने में इस पुस्तक की अनिवार्यता अनेक समालोचकों द्वारा रेखांकित हुई। डा0 संसार चंद्र ने कहा कि उन दिनों साहित्यिक क्षेत्रों में यह माना जा रहा

था कि प्रेमचंद को जानना और रहबर को न जानना, इसका मतलब आधुनिक हिंदी साहित्य के प्रति अनभिज्ञता प्रकट करना है। इस तरह रहबर आधुनिक एवं प्रगतिवादी साहित्य का पर्याय बन गया था। रहबर ने उन तथाकथित प्रगतिशील लेखकों को आड़े हाथों लिया जो यह कहते हैं कि प्रेमचंद सुधारवादी थे, हम क्रांतिकारी हैं और प्रेमचंद से सौ कदम आगे बढ़ गए हैं। उनके प्रति रहबर की कड़ी प्रतिक्रिया : कहावत है कि ऊँट को उसके कद का अहसास कराना हो तो उसे कान से पकड़कर पहाड़ के नीचे ले जाओ। मैंने 'प्रेमचंद : जीवन, कला और कृतित्व' लिखकर इन प्रगतिशील लेखकों को बता दिया है कि आगे की बात तो दूर, तुम प्रेमचंद से सौ कदम पीछे भी नहीं हो। उनके प्रति रहबर के अक्खड़ और कठोर रुख की एक और मिसाल- एक बार 'प्रगतिशील प्रकाशन' के मालिक ने रहबर से शिकायत की कि हिंदी का क्षेत्रा लंबा चौड़ा है पर लोगों में पढ़ने की रुचि नहीं। रहबर का उत्तर था—'तुम जिन्हें प्रगतिशील मानते हो, वे दरअस्ल बहुरूपिये हैं। उनमें और प्रयोगवादियों में कुछ भी अंतर नहीं। दोनों एक ही थैली के चट्टे-बट्टे हैं। दोनों पश्चिम के पतनोन्मुख साहित्य की कार्बन कापी हैं और दोनों समाज विरोधी और परंपरा विरोधी हैं। उनका लेखन दिशाहीन विद्रोह की चिल्लपों है। लोग अगर न पढ़ें तो इसमें अचरज क्या है? देश की आजादी के विषय में रहबर का रुख आखिर तक वही रहा जो शुरू में कम्युनिस्ट पार्टी का था- मैं नहीं मानता कि हम आज़ाद हुए हैं। 1947 में केवल सत्ता परिवर्तन हुआ है। प्रेमचंद की कहानी 'आहुति' का उद्धरण देकर कहते- 'जॉन की जगह गोविंद को गद्दी पर बिठा दिया गया है।'

रहबर के लिए ब्रेडला हॉल माँ की गोद था जिसमें वह किसी भी समय और किसी भी दशा में इत्मीनान से बैठ सकता था। 'ब्रेडला हॉल में आना अपने परिवार में आना था। यह परिवार जन्म से बने परिवार की अपेक्षा अधिक सहृदय, अधिक स्नेहशील था।' बी.ए. करने के बाद भी रहबर की आजीविका का कोई स्थायी जरिया नहीं बन पा रहा था। यह कहना ज्यादा उपयुक्त है कि वह टिक कर एक काम करना ही नहीं चाहता था। उसका सपना था लेखक बनना और लेखन के माध्यम से देश में ऐसी आजादी की स्थापना जिसके लिए भगत सिंह ने कुर्बानी दी और प्रेमचंद ने जिसे अपनी कहानियों के माध्यम से व्याख्यायित किया।

भगत सिंह परिवार के लोग अक्सर लाहौर आते थे और ब्रेडला हाल के सोशलिस्ट कक्ष में उनका जो कमरा था वहाँ रुकते थे। रहबर उन सबसे परिचित था। भगत सिंह की बहिन बीबी अमर कौर से उनका विशेष लगाव था। वह उन्हें अपने साथ झुग्गी खासरियाँ गांव ले गई जहाँ रहबर कुछ दिन रहा। रहबर के लिए यह हर्ष और गर्व की बात थी। परिवार के आत्मीय व्यवहार से वह अभिभूत हुआ सुबह उठकर छाछ और मक्खन के साथ नाश्ता। भगत सिंह के भाइयों कुलबीर और

कुलतार के साथ खेत में जाकर लहलहाती फसलों को देखना, मेंड-मेंड घूमना मनमोहक अनुभव था। उसे भगत सिंह की माँ विद्यावती से सुनी यह बात याद आई कि भगत सिंह जब छोटा था तो कहा करता था कि हम अपने खेतों में बंदूकें उगाएंगे। रहबर रोमांचित हो उठा। वह उस परिवार का मेहमान था जिसके सपूत ने आजादी का इतिहास अपने खून से लिखकर क्रांति को नया आयाम दिया।

रहबर देर तक खेत की मेंड पर भावविह्वल खड़ा रहा। रहबर की भगत सिंह पर लिखी पुस्तक 'भगत सिंहः एक जीवनी' जिसका अनुवाद अंग्रेजी में भी हुआ, उसी प्रकार बेजोड़ है जैसे प्रेमचंद पर लिखी पुस्तक। एक समीक्षक के अनुसार रहबर की पुस्तक को पढ़े बिना भगत सिंह का सही मूल्यांकन संभव नहीं है। रहबर को उक्त पुस्तक की प्रेरणा भगत सिंह और उनके साथियों के दस्तावेज से मिली जिन्हें भगत सिंह के भानजे डा0 जगमोहन सिंह और डा0 चमन लाल ने संपादित करके पुस्तक रूप में प्रकाशित किया। रहबर ने पुस्तक पढ़ी तो लिखा कि 'मैं अब तक विवेकानंद को देश का अंतिम विचारक मानता था। ये 'दस्तावेज' पढ़कर कहा जा सकता है कि भगत सिंह ने तर्कपद्धति को विकसित किया। कहा जाता है कि मार्क्स और एंगल्स ने जर्मन दार्शनिक हिगेल के सिर के बल खड़े द्वंद्ववाद को पांव के बल खड़ा किया। भगत सिंह ने उसी प्रकार विवेकानंद के आध्यात्मिक अद्वैतवाद को भौतिक अद्वैतवाद में परिणत किया।'

नौकरी और ट्यूशन के बीच झूलती ज़िंदगी और राजनीतिक गतिविधियों में सक्रिय हस्तक्षेप ने रहबर को चैन की सांस नहीं लेने दी। लाहौर से कभी लुधियाना तो कभी संगरूर या दिल्ली। लाहौर में वह बेकारी के दौर से गुज़र रहा था कि द्वारका दास लाईब्रेरी में आयोजित एक गोष्ठी में उपेंद्रनाथ अश्क से मुलाकात हो गई। अश्क उन दिनों गुरबख्श सिंह द्वारा स्थापित प्रीत नगर में था। वह प्रीतलड़ी पत्रिका के हिंदी और उर्दू संस्करण का संपादक था। उसे एक सहयोगी की जरूरत थी। चालीस रूपये मासिक वेतन पर वह रहबर को अपने साथ प्रीत नगर ले गया। तय हुआ था कि रहबर प्रूफ पढ़ने और पत्रों के उत्तर देने का काम करेगा। लेकिन अश्क ने देखा कि रहबर पंजाबी सामग्री का हिंदी, उर्दू अनुवाद भी बख़ूबी कर सकता है। उसने अनुवाद कार्य भी जिसे वह स्वयं करता था रहबर को सौंप दिया। शुरू में रहबर ने इसे सरंजाम देने में खुशी जाहिर की। लेकिन उसने देखा कि उसका काम बहुत बढ़ गया है। उसे सिर खुजलाने की फुर्सत भी नहीं है जबकि अश्क आराम से अपना उपन्यास 'गिरती दीवारें' लिखता रहता है। रहबर ने इसे अपना शोषण समझा। उसने अश्क को दो टूक कह दिया कि वह प्रूफ पढ़ने और डाक का जवाब देने के अलावा और कोई कार्य नहीं करेगा। उधर दारजी (गुरबख्श सिंह को वहाँ इसी नाम से पुकारा जाता था) के प्रीतनगर प्रोजेक्ट की कई बातें तो रहबर को अच्छी लगीं लेकिन वहाँ जिस 'अशरीरी प्रीत' के फ़लसफ़े का प्रचार किया जा रहा था वह रहबर के गले नहीं

उतरा। न ही दारजी का व्यवहार जिसमें दिखावा और आत्मश्लाघा के भाव ज़रूरत से ज्यादा थे। उसका जी उचाट हो गया। वह त्यागपत्र देकर वहाँ से चला गया।

1942 के 'भारत छोड़ो' आंदोलन में रहबर दो बरस तक जेल में रहा। वहाँ गाँधीवाद, राष्ट्रवाद, मार्क्सवाद और इतिहास का अध्ययन किया तो जेल में ही कम्युनिस्ट बन गया। यह उसका 'पांचवाँ जन्म' था। जब 1964 में कम्युनिस्ट पार्टी का विभाजन हुआ तो वह सी.पी.आई. को छोड़कर सी.पी.एम. में चला गया और 1967 में जब पार्टी का दोबारा विभाजन हुआ तो वह सी.पी.आई.(एम) को छोड़कर सी.पी.आई(एम.एल.) में चला गया यानी नक्सलवादी बन गया। वर्ष 1964 और 1967 में हुआ रूपांतरण क्रमशः रहबर का छठा और सातवाँ था।

रहबर ने जब विवेकानंद, तिलक और गुरू गोबिंद सिंह पर पुस्तकें प्रकाशित कीं तो उसके आलोचकों ने कहा कि रहबर जहां से चला था वहीं लौट आया। यानी वह अपने पहले जन्म वाला 'सनातनी' बन गया। उसके वाम मित्रों ने कहा 'रहबर जनसंघी और प्रतिक्रियावादी बन गया है।'

रहबर से हुई पहली भेंट विषयक लेख में मैंने इन पुस्तकों का उल्लेख किया था। लेख का निष्कर्ष था - "मैं समझता हूं कि ये पुस्तकें रहबर के आठवें जन्म की घोषणा कर चुकी हैं। वे इस 'जन्म' को कोई भी नाम दें उन्हें 'राष्ट्रवादी कम्युनिस्ट' की संज्ञा से अभिहित करना असंगत न होगा।"

लेख की प्रतिक्रिया में रहबर का खत आया। लिखा था-

" 'मेरे सात जन्म' आत्मकथा से ही यह बात सिद्ध होती है कि मैं शुरू ही से राष्ट्रवादी था। लेकिन हमारा कम्युनिस्ट आंदोलन शुरू से ही राष्ट्रीयता को नकार कर अंतर्राष्ट्रीय बन गया था। कम्युनिस्ट बनने पर इसका प्रभाव मुझ पर भी पड़ा और मैं भटक गया। नक्सलवादी आंदोलन में शामिल होकर यानी अपने सातवें जन्म में मैंने माओत्से तुङ का गहन अध्ययन किया। उसने लिखा है कि जो देशभक्त और राष्ट्रवादी नहीं, वह कम्युनिस्ट भी नहीं। तब मैंने अपनी भूल को सुधारा।

"मतलब यह कि यह भूल सुधार है, आठवाँ जन्म नहीं। हर परिवर्तन या भूल सुधार नया जन्म नहीं होता। जिसे हम रूपांतरण कहते हैं वह गुणात्मक परिवर्तन होता है। वह व्यक्ति के जीवन में भी आता है, समाज और प्रकृति में भी आता है। पानी का भाप या बर्फ बनना गुणात्मक परिवर्तन है। सामान्य रूप से गर्म या ठंडा सामान्य परिवर्तन है। रूपांतरित वस्तु नया रूप और नया गुण धारण करती है। यह बाहर और भीतर का समूचा परिवर्तन है।"

एक साधारण व्यक्ति के लिए यों पाले बदलना आसान और व्यावहारिक नहीं है। किंतु अपने अदम्य साहस और निःस्वार्थ निष्ठा के कारण रहबर अकेला चलता रहा। उसके पास न पीछे मुड़कर देखने का समय था, न किसी हमराह से मदद की कोई उम्मीद। अपना रहबर वह खुद ही था। 1938 से सक्रिय राजनीति में भाग

लेते हुए छह बार जेल गए, चार बार स्वतंत्रता के बाद। हर बार कद्दावर और मज़बूत होकर निकले। उनके शब्दों में-

जी है जुगनू सी ज़िंदगी हमने,
दी अंधेरों को रोशनी हमने।
सच के बदले मिली जो बदनामी,
वह भी झेली खुशी-खुशी हमने।

सर्वेश्वर दयाल सक्सेना ने कहा था-रहबर को देखकर यह लगता रहा है कि आज की दुनिया में भी कुछ ऐसे लोग हैं जो अपनी कथनी और करनी, विचार और आचार में फर्क न रखकर शान से जीते हैं। 'मेरे सात जन्म' में अद्‌भुत रचनाशीलता है। रोचकता इतनी कि एक हजार पृष्ठों को किसी जासूसी उपन्यास की तरह सांस रोककर पढ़ने की बेचैनी तारी हो जाए। किंतु यह कृति केवल औत्सुक्य भाव को ही शांत नहीं करती, उसमें मनुष्य की उदारता, वैज्ञानिक चेतना एवं ऐतिहासिक समझ विकसित करने की रचनात्मक क्षमता है। आत्मकथा के खंड-4 का उद्‌धरण दृष्टव्य है -'मनुष्य का इतिहास दो अरब साल पुराना है। दो अरब साल कहने और सुनने में तो कुछ भी नहीं, एक साधारण वाक्य मात्र है लेकिन इन दो अरब सालों में मनुष्य ने कितनी मंज़िलें तय की हैं। वह प्रकृति, गुलामी, अन्याय और शोषण के विरूद्ध आगे बढ़ता आया है। यह दो अऱब साल का समय उसके विकट और विजयी संघर्ष का ठाठें मारता हुआ समुद्र है जिसका कोई ओर छोर नहीं ज़ो अनंत और असीम है। मैं इस समुद्र में तैर रहा हूँ। उसकी सरकश तूफ़ानी लहरों से खेल रहा हूँ। मैं इतिहास का और इतिहास मेरा अभिन्न अंग है। मेरी आयु दो अरब साल है।'

रहबर की गजल का एक शेर है-
लब सिले थे ख़ामोश थी महफ़िल,
अनकही बात तब कही मैंने।

रहबर के लेखन का स्वर अनकही कहने का ही रहा। अक्सर वह बेबाक और आक्रामक भी रहा। बेबाक इतना कि स्वयं को और परिवार तक को नहीं बख्शा। आत्मकथा लेखन एक द्वन्द्वात्मक प्रक्रिया है- एक तरफ लेखक स्वयं के मुकाबिल होता है तो दूसरी तरफ दुनिया के रू-ब-रू। लेखक और मानवीय जगत एक-दूसरे को देख-परख रहे होते हैं। बाह्य और अभ्यंतर के घात-प्रतिघात से प्रभावित हो रहे होते हैं। एक-दूसरे को जांचने की गहराई, ईमानदारी और तज्जनित प्रभाव की बेलाग अभिव्यक्ति जहां लेखक के व्यक्तित्व का विकास करती है वहीं समाज को भी कुछ नया प्रदान करती है।

लेखक प्रायः अंतर्मुखी होते हैं। कहा जाता है कि वे ज़िंदगी को देखते भर हैं उसमें शरीक नहीं होते। रहबर निश्चित ही इसका अपवाद है। वह न केवल राष्ट्र

की हलचल में पेशपेश रहा बल्कि आस-पड़ौस में भी हिल मिल कर रहा, शिद्दत से रचा-बसा।

आत्मकथा में पुरूषोतक दास टंडन, बनारसी दास चतुर्वेदी, चतुरसेन शास्त्री, बेचन शर्मा उग्र के अतिरिक्त राजनीतिक दिग्गज ए.एस. डांगे, ए.के. गोपालन, भूपेश गुप्ता, नम्बूदरीपाद, हरकिशन सिंह सुरजीत आदि के संस्मरण हैं। मन्मथनाथ गुप्त, नरेंद्र कोहली, कमलकिशोर गोयनका के चेहरों से भी पर्दा हटाया गया है।

टंडन जी की प्रशंसा में लिखा है कि ''मैं उन्हें कट्टरपंथी और संप्रदायी मानता था। नजदीक से देखा, समझा तो भावना बदल गई। वे दृढ़चित्त, ईमानदार और देशभक्त थे। जवाहरलाल नेहरू प्रधानमंत्री थे और टंडन जी कांग्रेस पार्टी अध्यक्ष। टंडन जी का मत था कि सरकार कांग्रेस ने बनाई है इसलिए पार्टी अध्यक्ष प्रधानमंत्री से बड़ा है। बात सिद्धान्त की थी। जवाहरलाल नेहरू को जब यह स्वीकार्य नहीं हुआ तो टंडन जी ने इस्तीफा दे दिया।... ''बनारसी दास चतुर्वेदी 'आजकल' के सलाहकार संपादक थे। इस पत्रिका में छपने वाली सामग्री को अपनी कसौटी पर परखा करते थे। इस बात की चर्चा करते हुए उन्होंने बताया - 'कल मैंने तीन कहानियाँ अस्वीकृत करके लौटा दी थीं। उनमें एक जैनेंद्र कुमार की, दूसरी विष्णु प्रभाकर की, तीसरी चित्रकार राम कुमार की। तीनों में नायक अथवा नायिका को दुर्घटनाग्रस्त करके व्यर्थ का प्रेम जताया गया था और तीनों ऊलजलूल थीं।' वह अक्सर एमर्सन का कथन दोहराया करते थे- "साहित्य का उद्देश्य पाठक का संस्कार करना और उसकी रुचि को परिष्कृत करना है।"

रहबर के जेल संबंधी संस्मरण भी प्रेरक एवं मर्मस्पर्शी हैं। उसकी फ़ाक़ामस्ती और संघर्षमय जीवन में उसकी पत्नी कौशल्या तथा परिवार के समुचित सहयोग ने उसे पस्त हिम्मत होने से बचाए रखा। तिहार जेल में मुलाकात का एक-दिन कौशल्या जब भी मुलाकात पर आती यह सूचना देती कि बच्चे संतुष्ट हैं और इस बात से प्रसन्न हैं कि पिता जी जेल में बैठे हुए भी हमारा ध्यान रखते हैं। अगर कोई अड़ोसी-पड़ोसी हमदर्दी जताते हुए कहता है, 'क्या लेना रहबर साहब को इन बातों से, अपने बच्चों को पालें,' तो बच्चे चट उत्तर देते हैं, 'आप हमारी चिंता छोड़िए, पिता जी जो कर रहे हैं, ठीक कर रहे हैं। हम किसी के खाने नहीं जाते।'

रहबर की दूसरी बेटी वीना का ब्याह तब हुआ जब रहबर अंबाला जेल में नज़रबंद थे। ब्याह के दिन चार बजे शाम रहबर को पैरोल पर पुलिस वैन में दिल्ली लाया गया। दूसरे दिन बेटी की विदाई के साथ-साथ पुलिस उन्हें भी वैन में बैठाकर वापिस चली तो सबकी आंखें भर आईं। थानेदार सहृदय व्यक्ति था। उसने बेटी को ग्यारह रूपये शगुन के भी दिए।

देशव्यापी राजनीति में सरगर्म, अनेक राष्ट्रीय स्तर के नेताओं का सहकर्मी, मार्क्स के दर्शन का व्याख्याता और विख्यात कथाकार होने के अतिरिक्त रहबर कुछ

और भी था - बस एक साधारण आदमी। रहन-सहन और रोजमर्रा के व्यवहार में वह कभी भी 'विशिष्ट' होने का दम नहीं भरता था। इसीलिए जहां उसकी पुस्तक में 'बड़े' आदमियों का ज़िक्र है वहीं अपने मोहल्ले की साधारण-सी क्लब के उन सदस्यों का भी अंतरंग चित्रण है जो प्रतिदिन सुबह एक-डेढ़ घंटे किसी पार्क में गपशप और चुटकुलाबाजी करके दिनभर काम करने की शक्ति संजोते। रहबर उस क्लब का जीवंत सदस्य था।

1980-81 में प्रेमचंद शताब्दी के उपलक्ष्य में बंगलूर में आयोजित समारोह में प्रेमचंद पर शोध कर रहे एस. रेवन्ना ने रहबर से पूछा था- 'प्रेमचंद का उत्तराधिकारी कौन है ?'

रहबर ने तपाक से कहा - 'मैं।'

'आपका उत्तराधिकारी कौन है ?'

'देखिए प्रेमचंद ने मुझे अपना उत्तराधिकारी नियुक्त नहीं किया था। वह हमारे विचार को जहां छोड़ गए थे, मैंने उसे आगे बढ़ाया। मेरे बाद जो यह कार्य करेगा, वही मेरा उत्तराधिकारी होगा।'

"काम के साथ राम, भोग के साथ योग, देह के साथ आत्मा, भौतिक सुख के साथ आध्यात्मिक आनंद, श्रेय के साथ प्रेय दोनों ही मुझे अभीष्ट रहे। मेरा मन वासना और उपासना, सुंदरी और संन्यासी दोनों में रमा। मैं चाहते हुए भी एक अनासक्त व्यक्ति का जीवन नहीं जी सका।"

– उदयभानु हंस

उदयभानु हंस :
मानव से कहीं देव न बन जाऊँ मैं

पहली भेंट में कुछ लोग इतने आत्मीय हो जाते हैं कि लगता है आप उन्हें वर्षों से जानते हैं। यदि यह गुण किसी विशिष्ट व्यक्ति में हो तो उसे मिसाल के रूप में याद किया जाता है। उदयभानु हंस एक ऐसी ही मिसाल हैं। एक शादी में हिसार से भिवानी जाते हुए बस की सीट पर हम साथ-साथ बैठे। उन दिनों हंस द्वारा गुरू गोबिन्द सिंह के जीवन पर रचित महाकाव्य 'संत सिपाही' की चर्चा थी। उसी का ज़िक्र हुआ तो उन्होंने कहा- ''कविता के विषय में अब तक हम सिर्फ पढ़ते-सुनते ही आए थे कि 'कविता की नहीं जाती, हो जाती है।' किंतु 'संत सिपाही' लिखते समय मुझे इसकी सच्चाई का अनुभव हुआ। कालिज के स्टाफ रूम में खाली पीरियड में गुरू गोविंद सिंह रचित 'विचित्र नाटक' को पढ़ते-पढ़ते मैं भाव-विभोर हो उठा। अचानक एक पंक्ति अधरों पर उतरी- 'नवम नानक का लगा था लोकप्रिय दरबार' और तुरंत उसके साथ आ जुड़ी दूसरी पंक्ति- 'हो रहा था 'पंथ' पर गंभीर सोच विचार।' जैसे किसी पर्वत की शिला को फोड़कर अचानक कोई झरना प्रवाहित हो जाए। बार-बार ये पंक्तियाँ मन में गूंजती रहीं। कई दिनों से मैं महात्मा गाँधी पर काव्य रचना का मन बना रहा था लेकिन उक्त पंक्तियाँ इस ढंग से नाज़िल हुईं कि उस प्रबल वेग में गाँधी का स्थान गुरू गोबिंद सिंह ने ले लिया।''

डेढ़-दो घंटे की उस यात्रा में हंस ने अपनी रचना प्रक्रिया तथा अन्य विषयों पर खुलकर बातें कीं। 30-साल पूर्व यह उनसे पहला परिचय था जो कालांतर में अंतरंग होता गया। अब हिसार जाने पर उनसे मिलना पहली प्राथमिकता हो गया। कभी मिलना न हो सका और फोन पर दुआ-सलाम होती तो अपना स्नेह उंडेलते हुए आग्रह करते- मिलने का यह मशीनी अंदाज ठीक नहीं, घर पर आओ। घर जाने पर खाने-खिलाने की रस्म धार्मिक अनुष्ठान की तरह पूरा करते। शहर की एक खास दुकान से पसंदीदा मिठाईयाँ-नमकीन मंगवाते। गर्मी हुई तो एक खास पेय बनवाते। बाहर किसी मित्र के घर पसंद आने पर वहीं से उस पेय की कई बोतलें अपने साथ ले आते थे। चायपान वे ऐवरेस्ट विजेता तेनजिंग के अंदाज़ से करते हैं यानी कप से प्लेट में डालते हुए पीना। स्वयं को भोगी और योगी कहते हुए हंस परत दर परत

अपने को खोलते रहते हैं जिसका उल्लेख इस लेख के अंत में उनकी आत्मकथा का जिक्र करने पर कतिपय विस्तार से किया गया है जहां हंस अपने निजी जीवन के आंतरिक क्षणों का काव्यात्मक वर्णन करते हुए भरसक पारदर्शी हो गए हैं।

उदयभानु हंस का नाम हिंदी जगत विशेषतः देश के उत्तरी क्षेत्र में इतना लोकप्रिय है कि बात साहित्य अकादमी (वे हरियाणा साहित्य अकादमी तथा राष्ट्रीय साहित्य अकादमी दिल्ली के सदस्य रह चुके हैं) की हो या किसी कवि सम्मेलन की या फिर स्कूल-कालिज की पाठ्य पुस्तकों की, हंस के बिना 'सब सून'।

हंस के नाम के साथ कई 'प्रथम' जुड़े हैं- वे हिंदी के पहले कवि हैं जिन्होंने उर्दू रुबाई पर हिंदी की चाशनी चढ़ा कर हिंदी साहित्य में रुबाई सम्राट का खिताब हासिल किया। 1967 में हरियाणा के प्रथम राज्यकवि के सम्मान से अलंकृत हुए और संभवतः देश के साहित्यकारों में इस दृष्टि से 'पहले' कि उनसे घड़ी भर की भेंट में उम्र की तीनों अवस्थाओं के सहज सुख का एक-साथ अहसास होता है : बचपन का भोलापन, यौवन का उत्साह, वार्धक्य की परिपक्वता। कविता की प्रेरणा उन्हें अपने पिता विश्वनाथ शर्मा से मिली जो कर्मकांडी ब्राह्मण तथा लोकप्रिय कथावाचक और जनकवि थे। उनकी प्रथम हिंदी पद्यरचना वर्ष 1941-42 की है। उन्हीं वर्षों में संस्कृत में गद्य-पद्य लेखन के फलस्वरूप पुरी के शंकराचार्य ने उन्हें 'कविभूषणम्' तथा 'साहित्यालंकारः' की मानद उपाधियां प्रदान कीं। उर्दू कविता के लिए वे अपने स्कूल-शिक्षक फकीर नूर को मार्गदर्शक मानते हैं। सन् 1944 में फारसी लिपि में अपने हाथों लिखी उर्दू कविता 'मुझे मालूम न था' खुशखती की मिसाल तो है ही, कथ्य और शिल्प की दृष्टि से भी लाजवाब है तथा इसे हंस की कविता के वटवृक्ष के बीज के रूप में देखा जा सकता है। बतौर बानगी -

मेरा महबूब कहाँ था मुझे मालूम न था,
छान मारा ये जहाँ था मुझे मालूम न था।
सूरत-ए-आहू फिरा दश्त-ओ दमन में गरदाँ,
नाफ़ में नाफ़ा निहाँ था मुझे मालूम न था।
आई जब होश तो ऐ 'हंस' मज़ा ये देखा,
जहाँ देखा वो वहाँ था मुझे मालूम न था।

हंस की उम्र उस वक्त 18 साल थी। हंस के लेखन में एक महत्वपूर्ण मोड़ तब आया जब सुविख्यात रुबाई लेखक अख्तर रिज़वानी की रुबाइयों से प्रभावित होकर उन्होंनेने रुबाई लिखना शुरू किया। देश विभाजन से पूर्व उनकी काव्य रचना में राष्ट्रीय एकता तथा सांप्रदायिक सद्भाव का स्वर प्रमुख रहा। 1946 में लिखी निम्न पंक्तियाँ कवि की हिंदू-मुस्लिम एकता में गहरी आस्था का सबूत हैं:

मुसलमां हिंदू की खातिर खुशी से कुर्बान हो,
और मुस्लिम के लिए हिंदू की हाजिर जान हो।

दिल मिलें ऐसे कि नफरत का नहीं इमकान हो,
जो खुदा मुस्लिम का हो हिंदू का वो भगवान हो।

हंस उर्दू रुबाई से इस कदर प्रभावित हुए कि उसी छन्द और शिल्प रचना में उन्होंने हिंदी रुबाई का विकास किया। उन्हें हिंदी में एक नई काव्यधारा के प्रवर्तन का यश मिला। कहा जा सकता है कि हंस अपनी रुबाइयों के कारण रातों रात अंग्रेजी कवि बायरन की तरह सुविख्यात हो गए। हंस के संपर्क में आया कोई भी व्यक्ति क्या उनकी यह रुबाई भूल सकता है-

मैं साधु से आलाप भी कर लेता हूँ,
मंदिर में कभी जाप भी कर लेता हूँ।
मानव से कहीं देव न बन जाऊँ मैं,
यह सोच के कुछ पाप भी कर लेता हूँ।

उनकी निम्न रुबाई लोकसभा में 'कोट' की गई तो सारे देश में इसक प्रचार हुआ-

पंछी यह समझते हैं, चमन बदला है,
हंसते हैं सितारे कि गगन बदला है।
शमशान की खामोशी मगर कहती है
है लाश वही, सिर्फ कफ़न बदला है।

रुबाई, मुक्तक और ग़ज़ल हिंदी में उर्दू के ज़रिये आए। उर्दू के छंद की नज़ाकत, चुस्त भाषा और बंदिश की कसावट हंस की रुबाइयों और मुक्तकों में स्पष्ट दिखाई देती है। किंतु उन्होंने इस बात का ध्यान रखा कि इन पर रंग भले ही उर्दू कविता का हो किंतु सुगंध हिंदी कविता की रहे। यही कारण है कि उनकी उर्दू छंद से प्रभावित कविता हुस्न-ओ-इश्क तक सीमित न हो कर देश भक्ति, राष्ट्रीय एकता, युवा शक्ति, जिजीविषा, व्यंग्य विनोद आदि का बहुआयामी चित्र है। आज हंस के पास सम्मान और पुरस्कारों की लंबी सूची है। हाल में उन्हें साहित्य सम्मेलन प्रयाग द्वारा जगन्नाथपुरी में आयोजित सर्वोच्च सम्मान 'साहित्य वाचस्पति' की मानद उपाधि से विभूषित किया गया।

उदयभानु हंस हिन्दी के उन विरले कवियों में हैं जो न केवल पाठकों-श्रोताओं में हरदिलअज़ीज़ रहे अपितु स्तरीय लेखन के कारण साहित्यकारों में भी समादृत हैं। डा. इन्द्रनाथ मदान ने कहा था - "हंस सामान्य तथा विशिष्ट वर्ग (Masses and classes) दोनों का प्रिय कवि है।"

हंस के लिए कविता एक साधना है, एक तपस्या है। एक अनगढ़ पत्थर में छिपी हुई सुन्दर मूर्ति की तलाश और उसे प्रकट करने की कला है। वे छन्द को कविता के लिए अनिवार्य समझते हैं। अपने एक वक्तव्य में उन्होंने कहा है कि 'कविता छन्दमुक्त हो ही नहीं सकती। हां, मुक्त छन्द की कविता सम्भव है। छन्द

को परंपरागत सीमा में न बाँधकर उसकी मूल भावना को मैं अधिक महत्वपूर्ण मानता हूँ। मूल अर्थ में छंद एक लय के संगीतमय प्रवाह का नाम है, जो कविता का प्राण होता है। यही गुण कविता की असली पहचान बनता है, जो उसे गद्य से अलग करता है। संस्कृत में पद्य के साथ-साथ गद्य रचना को भी काव्य की संज्ञा दी गई है। फिर हंस को गद्यमय कविता अथवा छन्दमुक्त कविता से क्यों परहेज है? विशेषतया आज की स्थिति में, जब कि 90 प्रतिशत कविता छंदमुक्त लिखी जा रही है। वे अपनी धारणा के पक्ष में तर्क जुटाते हैं–छन्दमुक्त कविता को उर्दू में नसरी (गद्यात्मक) कविता कहते हैं। पाकिस्तानी कवि रियाज़ अनवर के अनुसार पाकिस्तान में 'नसरी शायरी' खत्म हो गई है। यूरोप में भी इस प्रकार की कविता ह्रासोन्मुख है। न जाने हिन्दी आज तक इससे क्यों चिपकी हुई है? चूंकि लय कविता के लिए जरूरी है, गद्य-कविता को लय के अभाव में कविता की संज्ञा देना उचित नहीं है। उसे 'अकविता' या फिर ऐसा ही कोई और नाम दिया जा सकता है।

'संस्कृत की गद्य रचनाओं में प्रायः लयात्मकता है। अतः ये कविता के निकट होने पर काव्य हैं। संस्कृत में साहित्य को 'काव्य' की संज्ञा देने का एक कारण यह है कि अधिकांश संस्कृत साहित्य पद्यमय है।'

हंस की कविता के दो मुख्य विषय हैं–शृंगार और राष्ट्रीयता। उनकी शृंगारिक कविता भावना-प्रधान तथा अनुभूति-जन्य है तो राष्ट्रीय कविता में कर्त्तव्य की प्रधानता है। अनुभव और अनुभूति का अन्तर स्पष्ट करते हुए वे कहते हैं कि अनुभव में रागात्मकता नहीं होती, जबकि अनुभूति में होती है। गीत रचना उनकी अभिव्यक्ति का मुख्य और प्रिय माध्यम रहा है। धड़कन, सरगम, शंख और शहनाई तथा अमृत कलश कविता संग्रहों में गीतों का स्वर प्रमुख है। गीत का उत्स वे दर्द को मानते हैं। एक टीस, एक आंसू, जो संगीतमय स्वर में फूट पड़ता है और इस प्रकार वे उस परंपरा के संवाहक हो जाते हैं, जो वाल्मीकि से शुरू होकर सूर, मीरा, पंत, महादेवी, ग़ालिब और मीर की करुणापूर्ण अनुभूति और विरहजनित पीड़ा से सराबोर है। उन्हीं के शब्दों में –

'कवि प्रेम की पीड़ा से विवश होकर जब
आंसू ही नहीं दिल का लहू देता है
तब जाके ही संवेदना की गोदी में
सौन्दर्य भरा गीत जन्म लेता है।'

'संत सिपाही' उनकी विशिष्ट काव्यकृति है। गुरू गोबिन्द सिंह के जीवन और मानवतावादी आदर्शों पर आधारित यह एक ऐतिहासिक महाकाव्य है।

आचार्य हजारी प्रसाद द्विवेदी रचनाकाल के समय से ही इसके अंश सुनते रहे थे। उनका मत था कि हिन्दी महाकाव्यों की सांध्यवेला में 'संत सिपाही' लिखकर उदयभानु हंस ने एक कमी को पूरा किया है। दस सर्गों में विभाजित इस महाकाव्य

में गुरू गोबिन्द सिंह के बलिदानी जीवन की रोमांचकारी गाथा है। दशम गुरू के चरित्र में संत, सेनानी और कवि का अभूतपूर्व संगम, असांप्रदायिक दृष्टि, खालसा पंथ की व्याख्या, जीवन के शाश्वत मूल्यों में आस्था और विश्वबन्धुत्व की भावना इस काव्य कृति के विशेष सरोकार हैं। 'संत सिपाही' की रचना प्रक्रिया के विषय में हंस के अपने शब्द- "घर की बैठक में रखे तख्तपोश पर बैठकर लिखने की मुझे आदत है। प्रेरणा हेतु गुरू गोबिंद सिंह के चित्र से विभूषित एक कैलेंडर लाकर सामने टांग दिया।... आठ-दस दिन में पूरा सर्ग समाप्त हो जाता। अभिव्यक्ति को कवित्वमय तथा लाक्षणिक प्रयोगों से सजाने, संवारने तथा बार-बार संशोधनों द्वारा निखारने पर ध्यान मेरी सृजन प्रक्रिया के मूल तत्व हैं। गीत, कविता, रुबाई, ग़ज़ल, मुक्तकों की रचना में हृदय का भावप्रवण होना आवश्यक होते हुए भी अल्पकालीन होता है परन्तु महाकाव्य का रचनाकाल तो कई-कई महीनों अथवा वर्षों तक विस्तृत होने के कारण रचनाकार को सतत सृजनात्मक संवेदना तथा रागात्मक अनुभूति के सुदीर्घकालीन प्रवाह में डूबे रहना पड़ता है। उस सतत सृजनशीलता में शिथिलता आई नहीं कि वीणा के तार ढीले होने की स्थिति में अंतरसंगीत भी बेसुरा और अंततः मौन हो जाता है।"

'संत सिपाही' के कारण उदयभानु हंस को देश-व्यापी ख्याति प्राप्ति हुई। उत्तर प्रदेश सरकार ने उन्हें 'निराला पुरस्कार' से सम्मानित किया।

हंस की काव्य यात्रा का एक महत्वपूर्ण पड़ाव है हरियाणा। 'देसां में देस हरियाणा' तथा 'हरियाणा गौरवगाथा' में प्राचीन हरियाणा के गौरवशाली इतिहास तथा आधुनिक हरियाणा के विकास को चित्रित किया गया है। उनका विश्वास है कि 'हरियाणा गौरवगाथा' हिन्दी साहित्य का प्रथम 'वृत्त काव्य' है, जिसमें किसी एक प्रदेश के संपूर्ण इतिहास, लोक संस्कृति को छंदोबद्ध किया गया है। हरियाणा के शीर्षस्थ विद्वानों, लेखकों तथा संस्कृति कर्मियों ने 'हरियाणा गौरव गाथा' को एक मूल्यवान धरोहर के रुप में देखा है। आर्यावर्त, सारस्वत प्रदेश, महाभारतकाल, हर्षवर्द्धन, अन्धकारयुग, स्वतंत्रता-संग्राम में योगदान, लोक संस्कृति, तीज-त्यौहार, साहित्य, समाज, राजनीति के स्वर्णिम हस्ताक्षरों के इंद्रधनुषी रंगों से कवि ने हरियाणा का बहुरंगी चित्र प्रस्तुत किया है।

हंस ने पद्य और गद्य में करीब 20 पुस्तकों की रचना की है। दिल्ली के एक प्रकाशक ने 1999 में उनके समग्र कृतित्व के 2500 पृष्ठों को 'उदयभानु हंस रचनावली' शीर्षकांतर्गत चार खंडों में प्रकाशित किया है- पहले दो खंडों में कविता तथा तीसरे-चौथे खंड में गद्य।

हंस की ख्याति एक कवि के रूप में है किंतु गद्य खंडों में प्रकाशित 'हंस उड़ा पश्चिम की ओर' (विदेश यात्रा) तथा 'स्मृतियों के शिलालेख' (आत्मकथा) में हंस का गद्यलेखन इतना सशक्त है कि आश्चर्य नहीं उन्हें उक्त दो कृतियों की बदौलत

पद्य-गद्य का अर्धनारीश्वर कहकर याद किया जाए। विष्णु प्रभाकर की ख्याति नाटक-कहानीकार के रूप में थी किंतु 'आवारा मसीहा' के जीवनीकार के बिना अब उनका आकलन अधूरा रहता है। बच्चन की आत्मकथा की उत्कृष्टता के मद्देनजर आलोचकों को बच्चन के कवि के साथ बच्चन के गद्यलेखक को भी बिठाना पड़ता है।

देखते हैं हंस के गद्य की किन खूबियों के कारण उपर्युक्त टिप्पणी सुसंगत जान पड़ती है। 'हंस उड़ा पश्चिम की ओर' एक यात्रावृत्त है जिसकी रवानगी और सादगी पाठक को प्रभावित करती है। दरअसल लेखक की चारित्रिक विशेषताएं ही उसकी शैली में बिंबित होती हैं इसलिए महज इत्तिफाक नहीं कि लेखक का व्यक्तित्व जितना अनुभव-सम्पन्न होगा उसकी कृति उसी अनुपात से भरी पूरी होगी। 1994 में इंगलैंड में आयोजित एक कवि सम्मेलन में भारत के चार कवियों को आमंत्रित किया गया था- उर्दू के मजरूह सुल्तानपुरी और हसरत जयपुरी, हिंदी के नीरज और उदयभानु हंस। हंस दो बार संयुक्त राज्य और एक बार अमरीका की यात्रा कर चुके हैं। आत्मकथा की तरह यात्रावृत्त भी हिंदी में कम लिखे गए हैं। जानकारी की बहुलता के अलावा यात्रावृत्त में कहानी की तरह पाठक के औत्सुक्य भाव को शांत करने की विशेषता होती है। यात्रावृत्त लेखक के पास ऐसे अनेक अवसर होते हैं जब वह पाठक को विचारोत्तेजित करता है, प्रसंगवश संवेदनशीलता के क्षणों को जीवंत करने की भी उसके पास पर्याप्त गुंजाइश होती है। विचारोत्तेजना और संवेदनशीलता के किन-किन पड़ावों से और कितनी आत्मीयता से पाठक गुजरता है, यात्रावृत्त की या फिर किसी भी विधा की सफलता की यही कसौटी है। सृजनात्मकता इस नजरिये से लिखे गए यात्रावृत्त का सहज प्रतिफल है, एक बाईप्रोडक्ट।

मरुस्थल में नखलिस्तान की तरह हंस के संस्मरणों में ऐसे स्थल मौजूद हैं जहां पहुँचने पर यात्रा की थकान से राहत मिलती है।

विश्व का महान रचनाकार और इंगलैंड का सर्वोत्कृष्ट कवि-नाटककार शेक्सपीयर। हंस ने पहली फुर्सत में उस महाकवि को नमन करने का मन बनाया। शेक्सपीयर के स्मारक का वर्णन उन्हीं के शब्दों में : "विश्व विख्यात नाटककार शेक्सपीयर के जन्म स्थान स्ट्रेफर्ड (स्ट्रेटफोर्ड का स्थानीय उच्चारण) देखने गए। एवन नदी का यह तट विश्व के कोने-कोने से आए हजारों पर्यटकों का आकर्षण केन्द्र है और महान साहित्य तीर्थ।... 500 वर्ष पुराने उस भवन में शेक्सपीयर के जीवन एवं रचनाओं संबंधी प्रामाणिक सामग्री उपलब्ध है। एक कक्ष में नाटकों की पांडुलिपियां, उनके प्रथम संस्करण, व्यक्तिगत पत्र तथा रूसी और भारतीय भाषाओं में उनके अनुवाद भी मैंने देखे।... एवन नदी के तट पर उस महान लेखक की स्मृति में निर्मित 'रायल शेक्सपीयर थियेटर' का भव्य भवन है जिसमें रंगमंच की नवीनतम सुविधाएं सुलभ

हैं।... राष्ट्रीय स्मारक के रूप में सुरक्षित और सुव्यवस्थित शेक्सपीयर के जन्म स्थान को देखकर मन ही मन प्रशंसा करता हुआ जब मैं लौटने लगा तो मेरी आँखों में मुंशी प्रेमचन्द तथा निराला जैसी अमर साहित्य विभूतियों के प्रति भारतीय समाज एवं शासन की घोर उपेक्षा कांटे की तरह खटक रही थी।'' अन्तिम पंक्तियों की कचोट से लेखक ही नहीं पाठक का कंठ भी रूद्ध होता है और वह सोचने पर मजबूर हो जाता है।

कहते हैं अमरीका में बाहर-बाहर सब कुछ सुन्दर है, भीतर यानी लोगों का अंतर्जगत इस सुघड़ सौंदर्य से खाली है। खुली चौड़ी सड़कें, कारों के काफिले बाग-बगीचे-पार्क, गगनचुम्बी इमारतें - हर सुविधा से सज्जित एवं मनोरंजन साधनों से भरपूर। लेकिन वहां का आदमी है कि तनाव और चिंता से घिरा हुआ : संदेहों के रिश्ते और रिश्तों के संदेह से त्रस्त। बाहर से लंदन के मोम संग्रहालय की मूर्ति सा तराशा हुआ, भीतर से कागभगोड़े की तरह खोखला और असहाय। ऐसा व्यक्ति हफ़्ते में पांच दिन हांफता-जूझता, घड़ी की सुई से संचालित भागता-दौड़ता यदि शुक्रवार को ''टी0जी0आई0एफ0'' (हंस के अमरीका-प्रवास के संस्मरण से उद्धृत) कहता है यानी ''थैंक गॉड इट इज फ्राईडे'' (शुक्र है खुदा का आज शुक्रवार है) तो हम उसकी छटपटाहट के तंग गलियारों के हमसफर हो जाते हैं। दो-अढ़ाई दिन की सप्ताहान्त छुट्टियों में वह भूल जाना चाहता है जिंदगी की मशीनी जकड़न को जिसमें उसका स्नायुतंत्र टूटने की हदों को छूने लगता है।

रिलैक्स होने की उस तड़प का अहसास हमें अपने देश के उन लोगों को देखकर भी होता है जो महानगरों से निकलकर गांवों को लौटना चाहते हैं जहां वे ''सुख की सांस'' ले सकें। तब लगता है एक ही धरातल पर खड़ा है विश्व का आम आदमी। भले ही वह लास एंजल्स में हो अथवा मुंबई में। उस अमरीकी नागरिक का सहानुभूतिपूर्ण वर्णन हंस को भी विश्व नागरिक बना देता है। बचपन में पढ़ी ''हितोपदेश'' की पंक्ति ''वसुधैव कुटुम्बकम्'' की अनुगूंज उसे अपने भीतर बार-बार सुनाई पड़ती है।

अपने जन्म स्थान दायरा दीनपनाह (अब पाकिस्तान में) का नाम किसी पुराने नक्शे में देखकर हंस रोमांचित हो उठता है, इस विशाल धरती पर फैले नानाविध सुख दुःख उसे भाव विभोर करते हैं। ऐसे ही भावोद्रेक के क्षणों में हंस ने कहा होगा-

जन्म लेती नहीं आकाश से कविता मेरी,
फूट पड़ती है स्वयं धरती से कोंपल की तरह।

उनके यात्रावृत्त भी धरती की उपज हैं, फिर धरती देस की हो या विदेस की। हंस रचनावली के अंतिम भाग में 'स्मृतियों के शिलालेख' दर्ज हैं जिन्हें हंस ने आत्मकथात्मक संस्मरण कहा है। सात दशक लंबे जीवन को लेखक ने जिस प्रामाणिकता और मौलिकता से बयान किया है उससे उनके गद्य लेखन की

परिपक्वता प्रमाणित होती है तथा संस्कृत आचार्यों की उस उक्ति पर हंस खरे उतरे हैं जिसके अनुसार किसी कवि की कसौटी उसका गद्य होता है।

आत्मकथा लेखन एक चुनौती भरा कार्य है विशेषतः एक लेखक के लिए जो सच्चाई और ईमानदारी का अलमबरदार होता है। जीवन की किस सच्चाई को प्रकट किया जाए और किसे छिपाया जाए और लेखकीय ईमानदारी की डोर भी हाथ से न छूटे, एक खिंचे-तने रस्से पर चलाने के समान है। हंस ने एक चतुर नट की भांति अपना संतुलन बनाए रखा है। कहा जा चुका है कि हंस विशिष्ट और सामान्य दोनों वर्गों का चहेता कवि है। यह बात हंस के जीवन पर भी इस रूप में लागू होती है कि उसने विशिष्ट और सामान्य दोनों प्रकार का जीवन जिया है। एक बहुत साधारण घर-परिवार में रहते हुए भी असाधारण प्रतिभा के बलबूते शिक्षा एवं साहित्य के क्षेत्र में लंबे डग भरे, देश-विदेश की यात्राएँ कीं। उसकी जिंदगी में खास-ओ-आम की धूप-छाँव है।

हंस का जीवन दर्शन द्विविध आदर्शों से संचालित रहा- "काम के साथ राम, भोग के साथ योग, देह के साथ आत्मा, भौतिक सुख के साथ आध्यात्मिक आनंद, श्रेय के साथ प्रेय दोनों ही मुझे अभीष्ट रहे। मेरा मन वासना और उपासना, सुंदरी और संन्यासी दोनों में रमा। मैं चाहते हुए भी एक अनासक्त व्यक्ति का जीवन नहीं जी सका...।" लेकिन अगले सांस में यह कहना- "मैंने जीवन में बहुत कुछ सहा और कभी अधीर नहीं हुआ। फूल और कांटे दोनों का मैंने सहर्ष स्वागत किया।" विरोधाभासमूलक प्रतीत होता है। लेखक ने ऐसी अनेक घटनाओं का वर्णन किया है जिनमें उल्लास-क्षोभ, प्रेम-घृणा, गर्व-ग्लानि के भाव पूरी रागात्मकता से प्रकट हुए हैं। 19 वर्ष की छोटी आयु में शास्त्री की परीक्षा दी। 17 अगस्त 1945 को अखबार में परीक्षा परिणाम निकला- "मैंने पंजाब यूनिवर्सिटी लाहौर में प्रथम स्थान प्राप्त किया था, मैं इस अविश्वसनीय उपलब्धि पर खुशी से उछल पड़ा।" किंतु उसी रोज अखबार में यह खबर भी छपी थी कि जापान में एक विमान दुर्घटना में नेताजी सुभाष चंद्र बोस की मृत्यु हो गई। इस आकस्मिक मृत्यु का समाचार पढ़कर मेरी आँखें सजल हो उठीं।" यह स्वाभाविक है, सहज मानवीय गुण है। जीवन के भावपूर्ण क्षणों से गहरा लगाव हंस के आत्मकथात्मक संस्मरणों की विशेषता है। प्रेमचंद की उक्ति है- ज्ञानी कहता है, होठों पर मुस्कान न आए, आँखों में आँसू न आए। मैं कहता हूँ अगर तुम हँस नहीं सकते और रो नहीं सकते तो तुम मनुष्य नहीं पत्थर हो। वह ज्ञान जो मानवता को पीस डाले ज्ञान नहीं कोल्हू है।

'स्मृतियों के शिलालेख' की शैली चित्रात्मक और आत्मीयतापूर्ण है। अनुभवों का चित्रण सजीव, छायाचित्र सा। लेखक के शब्दों में 'मैंने घटनाओं और अनुभूतियों को प्राथमिकता दी है। चिंतन और विवेचन को नहीं। मेरे विचार में विस्तृत एवं अनावश्यक विचारमंथन यात्रावृत्तांत हो या जीवनकथा उसके रसास्वादन में बाधक

ही बनता है साधक नहीं।'

आत्मकथा का आरंभ 'मेरा गाँव' से होता है- लेखक का जन्म स्थान दायरा दीनपनाह वर्तमान पाकिस्तान के पंजाब में जिला मुज़फ़्फ़रगढ़ की तहसील कोटअद्दू के निकट 'मुलतान-मियाँवाली लाइन पर दायरा दीनपनाह का एक छोटा रेलवे स्टेशन, चबूतरे पर खड़ा ऊँचा सिगनल जिसकी एक भुजा नीचे झुक कर रेलगाड़ी के आने का स्वागत करती है और गाड़ी के आ जाने पर तुरंत समानांतर हो जाती है जैसे ड्रिल करते हुए किसी स्कूली बालक की नन्ही भुजाएँ।'

गाँव, उसके गली-मोहल्ले, घर-परिवार, स्कूल, गुरुकुल अपने अध्यापकों का आत्मीय वर्णन। पिछले दिनों हंस दायरा दीनपनाह के एक व्यक्ति से संपर्क बनाने में सफल हो गए जिसने उनके घर, स्कूल, गली बाजार के अनेक छायाचित्र भेजे। उन्हें देखकर हंस की आँखें भर आईं। उन्होंने वे सारे छाया चित्र अमूल्य धरोहर की तरह सहेजकर रखे हैं।

देश विभाजन की त्रासदी से पीड़ित लाखों लोगों में हंस-परिवार भी शामिल था। हजारों लाखों शरणार्थियों के बोझ को संभालती देश की राजधानी दिल्ली में हंस को एक-साथ पढ़ाई और आजीविका की तलाश से दो-चार होना पड़ा। वह तीन आने में भरपेट भोजन करने और फुटपाथ पर सोने के लिए मजबूर था- 'उन दिनों पुरानी दिल्ली के रेलवे स्टेशन के बाहर खुली सड़क पर यात्रियों को रोटी-सब्जी बेचने वाले बड़ी संख्या में बैठा करते थे। उनके पास लकड़ी का खोखा तक नहीं होता था। मैं भी उनके सामने धरती पर उकड़ूँ बैठकर अन्य यात्रियों के साथ तीन आने में रोटी और आलू की सब्जी लेकर पेट भर लेता।... रात होते ही मैं चांदनी चौंक के दोनों ओर फुटपाथ पर बिछे तख्तपोशों पर धावा बोलकर वहां सोने लगा। मेरी तरह वहाँ कितने ही शरणार्थी और मजदूर आश्रय लेते थे। रात होते ही अपने-अपने तख्तपोशों पर कब्जा जमाने की होड़ सी लग जाती।'

दिल्ली में रहते हुए प्रभाकर कक्षाओं को पढ़ाने एवं परीक्षोपयोगी गाइड लिखने में ख्याति अर्जित की। उन्हीं दिनों हिन्दी में रुबाइयां लिखना तथा उर्दू-हिंदी मुशायरों में शामिल होना शुरू किया। दिल्ली यूनिवर्सिटी से हिंदी में एम.ए. करके 1954 में गवर्नमैंट कालिज हिसार में प्राध्यापक नियुक्त हुए। फिर तो वे हिसार के ही होकर रह गए। गत आधी सदी में हंस और हिसार का साहित्यिक-सांस्कृतिक इतिहास एक-दूसरे का पर्याय रहे हैं। हिसार में शिक्षित हुआ कौन ऐसा विद्यार्थी होगा जिसे हंस की एक-दो रुबाइयाँ याद न हों। हिसार का मरुस्थली नीरस जीवन हंस की काव्य सलिला से सिंचित होकर सरस हो गया।

मुलतान में फिल्मों के प्रति ऐसा "अंधा शौक था कि रात का अंतिम शो देखने के लिए हम चुपके से कालिज की चारदीवारी फाँद कर निकट के दो सिनेमाघरों में ही नहीं, अपितु दूरस्थ राधू टाकीज तक चले जाते थे।" यह शौक दिल्ली में और

भी बढ़ा। उस जमाने की 'किस्मत', 'रतन', 'अनमोल घड़ी' आदि फिल्मों के नायक-नायिका, संगीतकार, अनेक गीतों की पंक्तियाँ उन्हें आज भी याद हैं। करीब 60 वर्ष पुरानी उक्त फिल्मों के वीडियो कैसेट उन्हें दिल्ली में कहीं भी उपलब्ध नहीं हुए तो अपने लंदन प्रवास में एक दूकान से उन्हें 'रतन' और 'अनमोल घड़ी' के कैसेट मिलने पर मानो खोया खजाना मिल गया।

हिसार में रहते हुए उन्होंने हिंदी कविता एवं गद्य साहित्य को समृद्ध किया। इन्हीं उपलब्धियों की बदौलत उन्हें 1967 में हरियाणा के राज्यकवि का सम्मान एवं अलंकरण प्राप्त हुआ। हरियाणा प्रादेशिक हिंदी साहित्य सम्मेलन की स्थापना एवं समुन्नति में भी उन्होंने महत्वपूर्ण भूमिका निभाई।

आत्मकथा का सर्वाधिक संवेदनशील अंश उनके प्रेम प्रसंगों से संबंधित है। उन्होंने अपने दो प्रणय प्रसंगों का काव्यात्मक वर्णन किया है, "मेरा प्रथम प्रेम नितांत मानसिक, आत्मिक तल पर विशुद्ध, सात्विक, स्वच्छ, अशरीरी और वायवी रहा। दो किशोर हृदयों का गंगा-यमुनी संगम।" इस प्यार को हंस ने पहली दृष्टि में प्यार की अनुभूति कहा जिसमें फिल्मी कहानी का सादृश्य है। कहानी के नायक और नायिका किशोर अवस्था में एक-दूसरे से मिले। किशोरी हंस के पड़ोस में उनके घर के पिछवाड़े रहती थी। वह अचानक एक दिन अपनी बड़ी बहिन को साथ लेकर आई। प्रभाकर की परीक्षा की तैयारी के लिए वह हंस से पढ़ना चाहती थी। हंस ने देखा कि वह खिड़की से सिर झुकाकर अपनी बड़ी-बड़ी आँखों से भीतर झाँक रही थी। उसके लंबे-घुंघराले केश नीचे लटक गए और मानों काली घटाओं में उसका चाँद-सा चेहरा चमक उठा। उसकी यह प्रथम छवि हंस के मन पर अमिट छाप छोड़ गई। हंस ने उसे पढ़ाना शुरू कर दिया। ऊपर माड़ी (चोबारे) में दोनों इकट्ठे बैठते। पढ़ाई धीरे-धीरे कम होती गई और प्यार-मनुहार की बातें अधिक। बिछुड़ने पर दोनों अपने दुमंजिले मकान की छत पर आँखों ही आँखों में दिन में कई बार चुपचाप बातें करते। रामलीला के दिन आए। हंस के घर के सामने खुले मैदान में रामलीला का आयोजन होता था। वे दोनों छत पर साथ-साथ बैठकर रामलीला के दृश्यों में 'रासलीला' का आनंद लेते।

दोनों विवाह के लिए तैयार हो रहे थे। माँ ने भी सहमति दे दी थी लेकिन पिता ने हंस का रिश्ता कहीं और तय कर दिया और इस तरह कहानी का अंत नायक-नायिका की इच्छा के अनुकूल नहीं हो सका। दोनों असहाय प्रेमी मन मसोस कर रह गए।

हंस ने इस स्थिति का वर्णन करते हुए अपनी आत्मकथा में लिखा कि 'मेरा दिन का चैन और रात की नींद हराम हो गई। मेरे हृदय की तड़प, टीस, कसक और विरहवेदना सहसा हिंदी-उर्दू के विरह गीतों के माध्यम से फूट पड़ी।' हंस का दूसरा प्रणय युवावस्था का परिपक्व, प्रगाढ़, प्रबुद्ध, प्राकृतिक एवं पूर्ण था। उसमें गुलाब के

फूलों का सौंदर्य एवं सुगंध थी। नंदनवन के पारिजात का पराग, सतरंगे इन्द्रधनुष के रंग, तितली के पंखों की फुलकारी, बसंत ऋतु की मादकता और पहाड़ी झरने का मधुर संगीत था। कविता का रस भरा था।''

भले ही ''अब पुष्प में न तो वह पराग रहा, न मधुर मधु'' किंतु मिलन की वही तड़प, वही व्याकुलता ज्यों की त्यों है। तो क्या इस 'आंतरिक अनुभूति को केवल शारीरिक' मान लेना उचित होगा। प्रेम की वह अद्भुत स्थिति अव्याख्येय है।

आत्मकथा में इन दो प्रसंगों का उल्लेख करके हंस ने भरसक पारदर्शी होने के संकेत दिए हैं। उनके लंबे जीवन में क्या ऐसे रागात्मक क्षण और भी आए? वे खामोश हो जाते हैं। खामोशी से छन कर आए स्वर का भाव थाः कुछ बातें हज़म करने की होती हैं। लेकिन मेरे इस अनुमान का निराकरण हंस की आत्मकथा का साक्ष्य नकारता प्रतीत होता है - ''दिल्ली प्रवास काल में असंख्य सुंदर किशोरियों, नवयुवती छात्राओं से हर समय घिरा देखकर मेरी उपमा 'गोपियों में कृष्ण' के साथ दी जाती थी।...यदि मेरे स्थान पर कोई भी विलासी प्रकृति का व्यक्ति होता तो भावुकता में अंधी कितनी ही सरल, सौम्य, अबोध प्रशंसिकाओं के साथ खिलवाड़ कर सकता था। मैनें कलियों और कुसुमों के रूप-सौंदर्य को तो सराहा, उनकी मादक सुगंध का भी अनुभव किया, किंतु रसास्वादन के लोभ में हरजाई भंवरा नहीं बना।''

लंदन के कवि सम्मेलन की एक घटना का बयान करते हुए हंस अत्यंत भावुक हो उठते हैं। सम्मेलन में दो उर्दू के कवि थे, दो हिंदी के। हंस की बारी आखिर में थी फिर भी श्रोताओं ने उन्हें भरपूर दाद दी। कार्यक्रम की समाप्ति पर एक पाकिस्तानी मुस्लिम बंधु ने उनकी कविता की तारीफ करते हुए 100 पाउंड उनकी जेब में डाल दिए और अगले दिन अपने घर चाय पर बुलाया। इस इज़्ज़त अफ़ज़ाई पर हंस भाव विभोर हो गए- एक पाकिस्तानी नागरिक उर्दू शायरों की बजाए हिंदुस्तान के एक हिंदी कवि के प्रति अपना प्यार उंडेल रहा है।

हंस ने बेतकल्लुफ होकर अपनी कुछ भूलों और 'मूर्खताओं' का भी जिक्र किया है। मस्ती और बेपरवाही भरे उन किस्सों को सुनकर ही उनके कुछ दोस्त उन्हें 'असली कवि' कहते हैं। एक बार गुरूनानकदेव यूनिवर्सिटी अमृतसर ने 'संत सिपाही' महाकाव्य के लेखक के नाते हंस को निमंत्रित किया। हिसार से अमृतसर की 11 घंटे की लंबी यात्रा बस द्वारा पूरी की। वापसी पर प्रातः 7-00 बजे बस फ़ाज़िलका अड्डे पर रुकी तो यात्री चाय पीने उतर गए। चाय की इच्छा न होते हुए भी हंस नीचे उतर कर इधर-उधर घूमने लग गए। जब वापिस आए तो बस जा चुकी थी शायद उनके सामने से ही निकली थी। अटैची केस में कपड़ों के अलावा उनकी प्रारंभिक हिंदी कविताओं की एक कापी भी थी। उन्हें उस विशेष हानि का दुःख आज तक है।

वास्तव में ये आत्मकथात्मक संस्मरण अनुभवों के तलछट तक का रसपान है-

वस्तु की ऊष्मा तथा शिल्प का लालित्य अंतरतम को छू जाता है। सूचनात्मक सपाट बयानी हो अथवा घनिष्ठ अनुभूतियों की अलंकृत अभिव्यक्ति, हंस का गद्य पद्य की 'कांता' में रूपांतरित होता प्रतीत होता है। सूक्ष्म और वायवी सौंदर्य आकार ग्रहण करने लगता है। जैसे पूरा खिला फूल-रूप,गंध, स्पर्शसुख युक्त।

हंस की विद्वत्ता तथा ऊर्जस्वी मस्तिष्क की सराहना के लिए भले ही आप 'संत सिपाही' का उल्लेख करें, हंस का जादू यदि सिर चढ़कर बोलता है तो वह है उसके हृदय की वाणी जो उसकी प्रेम मूलक रुबाइयों और आत्मकथा की पारदर्शिता में सर्दियों की खिली धूप सी फैली हुई है।

•

"मेरे अनेक लड़कियों से अंतरंग संबंध रहे किंतु ये रिश्ते मेरे लेखन के प्रेरणास्रोत कभी नहीं बने। जैनेंद्र कुमार के लेख 'घर में पत्नी, मन में प्रेयसी' की काफी चर्चा हुई थी किंतु मैं इस विचार से कभी सहमत नहीं हुआ कि प्रत्येक लेखक के पीछे किसी 'प्रेयसी' की प्रेरणा रहती है।"

– सुगनचंद मुक्तेश

सुगनचंद मुक्तेश : खुदी को कर बुलंद इतना

राजस्थान का एक छोटा-सा ऊंघता गांव। तीन सौ घर, आबादी करीब दो हजार। गाँव में एक ही जोहड़ जिसका पानी पशु पीते और गाँव के लोग भी। चारों तरफ रेत के टीलों में दुबका-सा गाँव भूकरका जहाँ सुगनचंद का जन्म हुआ। माता-पिता को जन्मतिथि याद नहीं, अनुमान से कागजों में 3 मार्च 1933 दर्ज हुई।

गाँव पर दूसरे-तीसरे साल अकाल की छाया मंडराती और लोग गाँव छोड़कर निकट-दूर रोटी-रोजगार की तलाश में निकल पड़ते। जागीरदारी निजाम की मार भी झेलता रहता गाँव।

सुगनचंद की शिक्षा-दीक्षा? गाँव में कोई स्कूल न था। एक आर्यसमाजी निकट के नोहर कस्बे से एक व्यक्ति को भूकरका ले आए जो गाँव के 'मास्टर जी' बने। पिता छोटे भाई को मास्टर जी को सौंपने चले तो सुगन भी साथ हो लिया। पिता चाहते थे कि सुगन खेतीबाड़ी में उनका हाथ बटाए और छोटा पढ़ाई करे लेकिन मास्टर जी के पास पहुँचते ही छोटे ने चीख चिंघाड़ मचाई तो पिता उसे वापिस ले आए और उसकी जगह सुगन ने पढ़ना शुरू कर दिया। दो-तीन साल मास्टर जी ने कच्ची-पक्की जमात में कुछ अक्षर जोड़ना सिखा दिया और पहाड़े याद करवा दिए जिनसे जोड़-घटा के छोटे-छोटे सवालों के जवाब निकल आते। तभी गांव की पगडंडी पर चलते नन्हे कदमों के आगे एक मोड़ आ गया और उस रास्ते पर चलना पड़ा जहाँ जिंदगी के बड़े सवाल हल करने का मौका मिला सुगन के मौसा-मौसी जो अमृतसर रहते थे गांव आए और सुगन को भूकरका से अमृतसर ले गए। रवानगी से पहले सुगन ने अपना बस्ता-पट्टी और स्लेट-बत्ती साथ रख लिए। तख्ती पर गूढ़ी स्याही से लिखी हुई थी गांव की सरलता, हुक्के के गिर्द बैठा भाईचारा, ढोला मारू के गीत, गोगामेड़ी की परंपरा, बाजरे की रोटी और लहसुन की लाल चटनी का स्वाद। अमृतसर जाकर उसने इस पट्टी की इबारत को नहीं पोचा। वक्त आने पर उसकी रचनाओं की पंक्तियों के बीच पट्टी पर लिखे ग्राम्य मूल्य और परंपराएं अपना रंग छोड़ते रहे। गर्मी में प्रचंड लू और धूल भरी आंधियों के प्रबल वेग का मुकाबला करता गांव उसके शब्दों में साबुत कदमी भरता रहा। वह जहाँ भी जाता वक्तन फवक्तन बाँचता रहता पट्टी पर लिखे आखर। सींचता रहता गाँव से साथ लाया बिरवा।

अमृतसर में मौसा भीमसेन की किरयाना की दूकान थी, जलियाँवाला बाग के पास माहना सिंह रोड़ पर। घर कटड़ा जैमलसिंह के साथ लगती 'भाटियों वाली गली' में। वे सुगन को घर से दुकान और दुकान से घर अपने साथ ले जाते-लाते। उन्हीं से सुनी सुगन ने जलियाँवाली बाग की घटना, देशभक्त दीवानों के कारनामे और आजादी की लड़ाई में आगे आए नेताओं के रोजमर्रा के अहवाल। वे स्वयं भी स्वतंत्राता सेनानी रह चुके थे। लायलपुर, मिंटगुमरी आदि की जेलों में कई वर्ष सजा काटी थी। 1938-39 के दिन थे - दूसरा युद्ध शुरू हो गया था। शहर के अनेक कांग्रेसी नेता उनके पास आते और घंटों सियासी बातों में मशगूल रहते। सुगन दुकान पर जाकर अधिक समय जलियाँवाला बाग में खेलकर बिताता। वहाँ शहीदी कुएँ पर गोलियों के निशान देखता रहता। स्वर्ण मन्दिर में जाकर कड़ाह-प्रसाद खाता और मंदिर की पहली मंजिल पर झरोखे में बैठकर घंटों भजन कीर्तन सुनता। अमृतसर में रहते हुए सुगन के लिए एक और झरोखा खुला जिस से उसे कला, संस्कृति और साहित्य का आंगन दिखाई दिया। यह आंगन था नगर के प्रतिष्ठित महेश्वरी परिवार का जिसके प्रमुख पद्‍म प्रकाश ने लाहौर में रहकर 'रावी पार', 'सतलुज दे कंडे' आदि फिल्में बनाईं। बाद में बंबई जाकर वे फिल्म सैंसर बोर्ड के चेयरमैन रहे। 'नानक नाम जहाज' उन्हीं द्वारा निर्मित एक सफल फिल्म थी। उनके भाईयों पन्नालाल तथा राम महेश्वरी द्वारा बनाई गई 'नीलकमल' कथानक और कलात्मकता की दृष्टि से उत्कृष्ट फिल्मों में शुमार की जाती है।

सुगन के मौसा और महेश्वरी परिवार में आत्मीय संबंध थे। उस परिवार के हमउम्र बच्चों से सुगन घुलमिल गया और बचपन की वह मित्रता आज तक कायम है भले ही आज वे हमजोली देश के दूरदराज शहरों में या सात समंदर पार रह रहे हैं।

सुगन ने अपनी नौकरी के 36 वर्ष अध्यापक के पद पर स्कूल में रहकर बिताए लेकिन एम.ए. तक की पढ़ाई के लिए वह एक दिन भी स्कूल नहीं गया। सारी तालीम स्वयंपाठी विद्यार्थी के रूप में हासिल की।

गाँव के मास्टर जी से प्राप्त अक्षर ज्ञान का सिरा थामे अमृतसर में वर्धा की हिंदी कोविद परीक्षा की तैयारी शुरू कर दी। एक पारिवारिक मित्र की दूकान के ऊपर कुछ लड़के हिंदी परीक्षाओं की तैयारी किया करते थे। वह भी उनमें शामिल हो गया। पंजाब में उन दिनों पंजाब विश्वविद्यालय की रत्न, भूषण, प्रभाकर परीक्षाओं में बड़ी संख्या में विद्यार्थी बैठते थे। सुगन ने भी 'रत्न' पास करके 'प्रभाकर' का दाखिला फार्म भर दिया। लेकिन देश के विभाजन के कारण परीक्षा स्थगित हो गई। पंजाब यूनिवर्सिटी का अस्थायी कार्यालय सोलन में शुरू हुआ और पंजाब यूनिवर्सिटी सोलन से 1949 में उसने प्रभाकर की परीक्षा पास की।

अमृतसर के जन जीवन और परिवेश का सुगऩ के किशोर मन पर गहरा प्रभाव

पड़ा। इतना कि वह सुगन से सुगनचंद मुक्तेश बना। अमृतसर की लालिमा मुक्तेश के लिए 'जित देखूँ तित लाल हो गई'। आज भी साहित्यकार मित्रों की महफिल में मुक्तेश अपने हर तीसरे वाक्य में अमृतसर का जिक्र बरबस कर बैठता है। चंद्रधर शर्मा गुलेरी की विख्यात कहानी 'उसने कहा था' को वह बार-बार इसलिए पढ़ता है कि उसमें अमृतसर प्राणवान हो उठता है। वह उन गली-बाजारों में घूमने निकल पड़ता है जिनकी यादें हर सुबह घर की मुंडेर पर बैठी चिड़िया की चहक सी उसे उल्लसित कर जाती हैं...उसे याद है उन दिनों अमृतसर में तीन सबसे साफ-सुथरे बाजार थे-हाल बाजार, कटड़ा आहलूवालिया और गुरू बाजार। चीजें इतनी सस्ती कि चिलगोजे दो-तीन रूपये सेर, रेहड़ियों पर ऐसे बिकते थे जैसे आजकल मूंगफली। चमन का अंगूर बारह आने या एक रूपये का सेर भर। किशमिश और बादाम खुदरा में दो-अढ़ाई रूपये सेर। बाजार माईसेवा से गुजरने पर ब्रुकबांड-लिपटन के स्टालों पर लोगों को चाय पकोड़े मुफ्त खिलाए जाते किंतु इक्का दुक्का लोग ही उनका आतिथ्य स्वीकार करते।

1947 के सांप्रदायिक हाहाकार में वहशी बने लोगों का नंगा नाच, लूटपाट, आगजनी का वह चश्मदीद गवाह रहा। मौसा का घर-परिवार भी उस त्रासदी का शिकार हुआ। लाहौर में मार्च 1947 के पहले हफ्ते मास्टर तारा सिंह ने मुस्लिम लीग का झंडा उतार फैंका। यह पंजाब में सांप्रदायिक दंगों की शुरूआत थी। मुक्तेश के शब्दों में, ''अमृतसर में तनाव का वातावरण बन गया। रात को मौसा जी ने हमें जगाकर बताया कि शहर में जगह-जगह आग लगी हुई है। मैंने छत पर जाकर देखा छह-सात जगह मकान धू-धू जल रहे थे।...दूसरे दिन यह आग का दरिया हमारी गली तक पहुँचता इससे कुछ मिनट पहले अखाड़े के एक पहलवान ने हमें सुरक्षित निकाला था। खाली हाथ, तीन कपड़ों में भाग कर पास के 'संतोखसर' गुरूद्वारे में शरण ली थी। बाद में हमारा सारा मोहल्ला आग की भेंट हो गया।''...तब तक पंजाब की विभाजन रेखा तय नहीं हुई थी। शहर के दंगाई मुसलमानों द्वारा हर रोज पांच-दस हिंदू-सिखों का कत्ल आम बात हो गई। किंतु इस ऐलान से कि अमृतसर हिंदुस्तान में रहेगा दंगों का रुख बदल गया। बाघा की सीमा से आए पैदल शरणार्थी हिंदू-सिख औरतों की बेहुरमती के किस्से साथ लाए। उधर पाकिस्तान से आई दो-तीन गाड़ियों में छाती कटी औरतें जिनके शरीर बलात्कार से विकृत थे, भालों की नोक पर टंगे छोटे-छोटे बच्चों और डिब्बों में बहते खून के हौलनाक दृश्यों ने प्रतिहिंसा का रूप ले लिया। अमृतसर में अल्फ नंगी मुस्लिम औरतों का जलूस जिन्हें 'अमृत छकाकर पवित्र करने' का मतलब था रामबाग में स्थित शिव मंदिर के पिछवाड़े सामूहिक बलात्कार और नृशंस हत्या।... ''मैं हक्का-बक्का और सुन्न था लेकिन मौसा जी तीन चार दिन तक तेज बुखार और बेचैनी में तड़पते चारपाई पर पड़े रहे।...बाद में सन् 1971 में प्रकाशित अपने पहले उपन्यास 'शेष-अशेष' में इन काले-किस्सों

का जिक्र मैंने संयत शब्दों में किया।"

अमृतसर की धूप-छाँव भरी जिंदगी में भले ही धूप की तपिश कम नहीं थी किंतु गीत-संगीत-साहित्य की वर्षा-फुहारों ने मुक्तेश को जो शीतलता और आत्मिक सुख दिया उससे वह आज तक आप्लावित हैं। महेश्वरी-परिवार के हमउम्र मित्र कैलाश के साथ पंजाबी गायिका-बहिनों सुरेंद्र कौर-प्रकाश कौर का सुरीला गायन सुनने और उनकी रूप छवि को निकट से देखने का आनंद अभूतपूर्व था। आसा सिंह मस्ताना और रिपुदमन शैली के गीतों की याद अब भी ताजा है।

1952-53 में अमृतसर में हिंदी साहित्य सम्मेलन का आयोजन हुआ-उद्घाटन किया तत्कालीन लोकसभा अध्यक्ष जी.वी.मावलंकर ने। चतुरसेन शास्त्री, उदयशंकर भट्ट, देवराज दिनेश आदि दिग्गज साहित्य मनीषी उपस्थित थे। बच्चन द्वारा मधुशाला की रुबाइयों का सस्वर प्रस्तुति का जादू श्रोताओं को मंत्रमुग्ध कर गया। 'रिपब्लिक कालिज' में जब वह एफ.ए. (इंगलिश ओनली) की तैयारी के लिए जाता था तो एक दिन अचानक पता चला कि विश्वविख्यात साहित्यकार राहुल सांकृत्यायन वहाँ आ रहे हैं। राहुल से हुई भेंट के विषय में मुक्तेश ने बताया -'सर्दी का मौसम था। नियत समय पर करीब छह फुट ऊँचे एक अधेड़ व्यक्ति ने कमरे में प्रवेश किया। वेशभूषा कुमाऊँ-गढ़वाल के गडरियों जैसी, सिर पर ऊनी टोपा जिसे पूरा ओढ़ने पर आँख-नाक को छोड़कर सारा मुँह ढक जाता। मैंने राहुल की दर्जन भर पुस्तकें 'वोल्गा से गंगा', घुमक्कड़ शास्त्र, तिब्बत में सात वर्ष, मानव समाज, दर्शन-दिग्दर्शन आदि पढ़ी थीं जिनमें से कुछ आधी-अधूरी ही समझ आई थीं। उन दिनों राहुल का विराट् व्यक्तित्व हिंदी साहित्य पर छाया हुआ था। एक-डेढ़ घंटे तक राहुल ने अपनी यात्राओं के प्रसंग सुनाए। श्रोताओं के प्रश्नों के उत्तर दिए। एक श्रोता से अपनी प्रशंसा सुनकर उन्होंने विनम्रता से कहा- आज इतना लिखा जा रहा है कि उसको रखने के लिए स्थान नहीं है। मास्को के लेनिन पुस्तकालय में 50 लाख पुस्तकें हैं जिन्हें वर्षों तक एक व्यक्ति गिन नहीं सकता। ऐसे में साहित्य के सहारे अमरता की इच्छा बेमानी है। हजारों वर्षों में कोई एक कालिदास, शेक्सपीयर या तुलसीदास पैदा होता है जिसे युगों तक याद किया जाता है। बाकी कुछ सालों बाद भुला दिए जाते हैं।'

1951 में होली के अवसर पर दुर्गियाना मंदिर में आयोजित संगीत सम्मेलन में चोटी के संगीतज्ञों से सुने शास्त्रीय गायन की अमिट छाप भी मुक्तेश के मन पर है। सम्मेलन में ओंकारनाथ ठाकुर, नारायणराव व्यास, तबला वादक अनोखे लाल जैसी विख्यात हस्तियाँ मौजूद थीं।

मुक्तेश उस रोमांचकारी जल्से में भी हाजिर था जब लाल किले से छूटकर आजाद हिंद फौज के सहगल, ढिल्लों, शाहनवाज का जलियाँवाला बाग में आगमन हुआ। लोगों में इतना उत्साह कि बरसात में भीगते हुए घंटों दरख्तों-मकानों पर बैठे

काफी रात गये तक उनका इंतजार करते रहे। तीनों की तस्वीरों वाले चार आने मूल्य के स्टिकर दो-दो रूपये में भी नहीं मिले। ऐसा ही एक जल्सा सरोजिनी नायडू और सुभाषचन्द्र बोस के बड़े भाई शरतचंद्र बोस के आगमन पर जलियाँवाला बाग में हुआ था।

1951 में मौसा की मृत्यु से गिरस्ती की गाड़ी डगमगाती देख मुक्तेश ने एक प्राईवेट स्कूल में 80 रुपये माहवार की नौकरी शुरु कर दी थी। मौसी रात भर सूत कातती, रजाइयों में धागा डालती, छोटी-मोटी सिलाई करके अपने चार बच्चों का पेट भरती। मुक्तेश अपनी आधी तनख्वाह परिवार को देता आधी से अपनी पढ़ाई का खर्च निकालता।

1954 में मुक्तेश ने प्राईवेट तौर पर (सिर्फ अंग्रेजी से) एफ.ए. पास कर ली थी। प्राईवेट स्कूल की नौकरी छोड़कर अमृतसर को सदा के लिए विदा कह दी। अमृतसर के सांस्कृतिक, सामाजिक और धार्मिक प्रभाव की संपदा संजोए वह नई चरागाहों की तलाश में निकल पड़ा। बीकानेर और दिल्ली में घूमता रहा किंतु कहीं कोई नौकरी नहीं मिली। आखिर उस समय के 'पेप्सू' राज्य के महेंद्रगढ़ जिला के एक प्राईमरी स्कूल में बिना किसी ट्रेनिंग के 'एजूकेटिड अनइम्पलायमेंट' स्कीम के तहत अध्यापक के पद पर नियुक्ति हो गई। पेप्सू का पंजाब में विलय और फिर हरियाणा राज्य के गठन पर वह हरियाणा शिक्षा विभाग की 36-वर्षीय सेवा पूरी करके 1991 में सेवानिवृत्त हुआ। सेवाकाल के दौरान बी.ए.(बाई पार्ट्स), साहित्यरत्न, एम.ए. हिंदी की परीक्षाएं पास कीं। केंद्रीय भाषा संस्थान मैसूर में दस महीने तक तेलुगु भाषा का अध्ययन कर डिप्लोमा प्राप्त किया। यूनियन के आह्वान पर 1973 में चली अध्यापकों की हड़ताल के दौरान दस दिन तिहाड़ जेल दिल्ली में कैद रहा। ये घटनाएँ साधारण होते हुए भी जिंदगी के कुछ कोनों को बुहारती-संवारती रहीं।

मुक्तेश की पहली कहानी 1951 में इलाहाबाद से प्रकाशित 'नई कहानियाँ' में प्रकाशित हुई। और पहली किताब लघुकथा संग्रह 'स्वातिबूँद' 1966 में। आज तक करीब 24 पुस्तकें प्रकाशित हो चुकी हैं जिनमें आधी गद्य और पद्य में रचित बालोपयोगी कृतियाँ हैं। 'विन्ध्य के पार' दक्षिण भारत का यात्रावृत्त है, तीन उपन्यास हैं और छह काव्य संग्रह जिनमें 'युगांतर' प्रबंध काव्य हरियाणा साहित्य अकादमी द्वारा पुरस्कृत है। अकादमी ने इसे 'सुन्दर और सफल प्रबंध काव्य' कहा। डा0 राम कुमार वर्मा के अनुसार "युगांतर परंपरागत काव्य शैली में हमारी राष्ट्रीयता का इतिहास बड़े प्रभावोत्पादक ढंग से प्रस्तुत करता है।"

मुक्तेश की तीन पुस्तकें उसके रचनाकौशल का वैविध्य प्रकट करती हैं। इन्हें उसकी प्रतिनिधि कृतियाँ भी कहा जा सकता है- स्वातिबूंद (लघुकथा संग्रह), 'अपराजेय'(उपन्यास) तथा 'मैंने नहीं लिखा महाभारत'(महाभारत के प्रमुख पात्रों से साक्षात्कार)। स्वयं मुक्तेश ने अपने सृजन में इन कृतियों को सर्वश्रेष्ठ कहा है।

1966 में प्रकाशित 'स्वातिबूँद 64 लघुकथाओं का संग्रह है। समालोचकों ने इन रचनाओं को लघुकथा की बजाए बोधकथा कहा। विशाल अर्थ में भले ही हम नीतिकथा एवं बोधकथा को लघुकथा मान लें किंतु आज लघुकथा जिस अर्थ में रूढ़ हो चुकी है उस दृष्टि से बोधकथा और लघुकथा कथ्य एवं शिल्प की दृष्टि से अलग धरातल पर हैं। इस तथ्य को स्वयं लेखक ने स्वीकार किया- 'हिंदी में लघुकथायें अभी निज शैशवकाल में हैं और प्रस्तुत संग्रह जैसी तो संभवतः प्रसूतिगृह में ही।' मुक्तेश ने लेखकीय ईमानदारी का परिचय देते हुए आगे कहा,'प्रस्तुत संग्रह की कथायें किस श्रेणी में आती हैं इसका निर्णय करना आलोचकों का काम है।' जाहिर है लघुकथा का इतिहासकार कालांतर में इनका सही वर्गीकरण कर पाएगा।

यह एक विचित्र संयोग है कि 'स्वातिबूंद' में लेखक का जो दार्शनिक रूप है वह आमतौर पर लेखकों में ढलती उम्र में प्रकट होता है। पंत, महादेवी वर्मा, निराला, अमृता प्रीतम के लेखन का विकासक्रम इस बात का उदाहरण है। परन्तु मुक्तेश अपनी प्रथम रचना में ही एक चिंतक, विचारक और दार्शनिक के रुप में हमारे सामने आता है। 'स्वातिबूंद' के पात्र पशु-पक्षी, प्रकृति के उपकरण सूरज, चाँद, सितारे, धरती, पर्वत, फूल, पौधे, वृक्ष आदि के अतिरिक्त बुद्धि और मन तथा ईर्ष्या, करुणा, भय, प्रेम आदि मनोभाव भी हैं। लेखक ने इन सबके रूप-रंग-स्वभाव-क्रियाकलाप को बारीकी से देखा है, उनमें नया अर्थ तलाशा है और उस अर्थ को मनुष्य के चारित्रिक विकास की दिशा में मोड़ा है। उसमें किसी धर्मगुरु अथवा पैगम्बर का तात्विक विवेचन, जीवनदर्शन की व्याख्या, सात्विकता एवं गंभीरता है। स्वातिबूंद का लेखक मंजिल से राह की ओर चला है। उसकी परवर्ती रचनाओं में उन गली-गलियारों-बाजारों का चित्रण है जिन से होकर मनुष्य और समाज शताब्दियों से चला आ रहा है।

'स्वातिबूंद' की रचना प्रक्रिया के विषय में मुक्तेश का कहना है कि 'चंडीगढ़ से अपने गंतव्य सतनाली के निकट 'सुरेहती जाखल' जाते हुए हिसार स्टेशन पर उतरा। पान सिग्रेट ली। पान मुँह में डालकर उस कागज के टुकड़े को हाथ में पकड़े हुए था कि पता नहीं क्या ख्याल आया कि कलम निकाल कर मैंने तीन लघुकथाओं का प्रारूप उसी कागज पर लिखकर उसे जेब में रख लिया। अगले दिन उस कागज को खोलकर पढ़ा तो मेरे आगे ऐसी लघुकथाओं की बाढ़ आ गई। मैं जिधर ध्यान देता वहाँ मुझे लघुकथा दिखाई देती। इस प्रकार दो-तीन महीनों में 64 लघुकथाएँ कागज पर उतर आईं।'

'स्वातिबूंद' के द्वितीय संस्करण में नए शिल्प के तकाजों के तहत लिखी 26 लघुकथायें भी शामिल हैं। उन्हीं में से उद्धृत है 'शीर्ष-हीन', एक वाक्य की लघुकथा : ''हे घट-घट वासी, अनाथ के नाथ तेरी जय हो'' वाक्य के साथ ही 'कुर्र' की ध्वनि हुई और मुर्गे की कटी गर्दन मूर्ति से टकराती दूर फर्श पर जा गिरी।

'अपराजेय' का प्रकाशन 1986 में हुआ। मैंने पढ़ा तो अज्ञेय का उपन्यास 'अपने-अपने अजनबी' की याद आई। मैंने 'टू ईच हिज स्ट्रेंजर' पढ़ा था जो स्वयं अज्ञेय द्वारा किया गया 'अपने अपने अजनबी' का अंग्रेजी अनुवाद है। मुक्तेश ने यह उपन्यास नहीं पढ़ा था। संयोग था कि 'अपराजेय' और 'अपने अपने अजनबी' की कथावस्तु में समान स्थितियाँ थीं। मुक्तेश ने पढ़कर अपनी प्रतिक्रिया प्रकट की- 'अज्ञेय जी के 'अपने अपने अजनबी' और 'अपराजेय' में कुछ समानताएँ जरूर हैं लेकिन 'अज्ञेय' की कृति में दोनों पात्रों का पतन है जबकि 'अपराजेय' का 'मैं' अजेय होकर हमारे सामने आता है।'

'अपराजेय' का मुख्य पात्र 'मैं' एक रेल दुर्घटना में मृत्यु और जीवन के बीच छटपटाहट में फंसा धर्म, अधर्म, पाप-पुण्य, जन्म-मरण, पुनर्जन्म आदि प्रश्नों की ऊहापोह में उलझा हुआ है जबकि परिजन की याद और पारिवारिक स्थितियाँ उसकी बेचैनी को और भी बढ़ा रही हैं। उपन्यास में 'मैं' के विवाहेतर संबंध, प्रेम की परिभाषा तथा काम की दमित इच्छाओं की अंतर्धारा भी है। अंत में 'मैं' साहस और दृढ़ इच्छा शक्ति के सहारे 'मैं मरूँगा नहीं' कहता मृत्यु पर विजय प्राप्त करता है। लगता है लेखक द्वारा यह अंत पूर्व परिकल्पित था।

'अपराजेय' का कथानक लेखक के व्यक्तिगत जीवन की घटना पर आधारित है। वह गांव के जोहड़ में दोस्तों के कहने पर नहाने चला गया। तैरना न जानते हुए भी उनके बहकावे में आकर पानी में कूद पड़ा। पानी गहरा था और वह डूबने को हुआ तो चिल्लाने लगा-उसे लगा कि वह मृत्यु के मुँह में है। उसे बचा लिया गया किंतु छटपटाहट की बेचैनी के क्षण वह नहीं भूल पाया। 'अपराजेय' के सृजन में उन्हीं क्षणों का ताना-बाना है। मुक्तेश ने कहा कि 'डूबने के कगार पर मेरे भीतर मृत्यु का खौफ न होकर पश्चाताप के ऐसे विचार उभरे कि तुमने दूसरों के कहने पर अपनी जिंदगी खत्म कर ली, अभी बहुत कुछ करना था वह सब समाप्त हो गया ...'अपराजेय' लिखते समय अपने अनुभव के आधार पर मैं इस नतीजे पर पहुँचा कि मरने वाले व्यक्ति के आगे उसका भोगा समस्त जीवन बेतरतीब सिलसिले में घूमता है-एक विचार पूरा होता नहीं कि दूसरा आ खड़ा होता है। 'मैं मरुंगा नहीं' कथन का आधार मरणासन्न व्यक्ति की अंतिम इच्छा को दर्शाता है। महाभारत का मुख्य पात्र भीष्म पितामह 57 दिन तक मृत्युशयूया पर मौत को रोके पड़ा रहा। कहा जाता है कि पिता से उसे 'इच्छा मृत्यु' का वरदान मिला था। लेकिन मेरी मान्यता है कि भीष्म युद्ध का संपूर्ण अंत देखे बिना मरना नहीं चाहते थे। जिस सुबह उन्होंने दुर्योधन के मारे जाने का समाचार सुना उसी दिन दोपहर को उन्होंने प्राण त्याग दिए।' 'अपराजेय' का अंग्रेजी अनुवाद 'आई एम फुल्ली अवेक' शीर्षकांतगत मैंने ही किया है। मुक्तेश का मित्र अविनाश महेश्वरी जो आजकल अमरीका में है, वहीं से इसे प्रकाशित करवा रहा है।

मुक्तेश सेवानिवृत्ति के पश्चात 5-6 वर्ष दिल्ली रहा। उसी दौरान 'मैंने नहीं लिखा महाभारत' की रचना हुई। इस कृति की पृष्ठभूमि का वर्णन लेखक के शब्दों में-''मैं उस समय दिल्ली में रह रहा था। एक दिन दिल्ली गेट से अपने गंतव्य की ओर जाते मेरी नजर दीवार पर लगे 'महाभारत' के पोस्टर पर पड़ी। पोस्टर का दृश्य अद्‌भुत था। कहीं वह मेरे जहन में चस्पां हो गया और मेरी प्रेरणा का स्रोत बन गया। महाभारत को अपने ढंग से लिखने का विचार अंकुरित हुआ। इस ग्रंथ के 19 पात्रों को चुनकर साक्षात्कार शैली में उन पर लिखने की रूपरेखा बना ली। महाभारत पहले पढ़ा था। एक बार पुनः मूल ग्रंथ के उन अंशों को पढ़ा जिन पर मुझे लिखना था। मैंने पाया कि महाभारत उस संक्रांति काल की रचना है जिसमें पुराने आचार विचार और निहित स्वार्थों की नई संस्कृति की टकराहट और छीना झपटी थी। वर्णसंकरता, लड़कियों का बलात् अपहरण, नीति-नियमों को ताक पर रख कर बलशाली का मनमाना आचरण आम बात थी।

''यहां मैं उस तथ्य पर भी विश्वास करने को विवश हो गया कि दुर्योधन, धृतराष्ट्र अपने स्थान पर ठीक थे। युधिष्ठिर, भीष्म मुझे सब से लचर पात्र लगे। एक, जुए की लत के कारण राजपाट और भाईयों की सांझा पत्नी को दाँव पर लगाने में संकोच नहीं करता। दूसरा, अपनी कुंठित मानसिकता के कारण एक अंधे को राजसिंहासन पर बिठा कर अपनी दमित कामनाओं की पूर्ति के लिए अपने सामने सब कुछ अवांछनीय घटित होते चुपचाप देखता रहता है।''

महाकाव्य की बरसों से स्थापित मान्यताओं और श्रद्धेय पात्रों पर उंगली उठाना जहाँ मुक्तेश का अकादमिक साहस है वहीं भारतीय समाज की सहिष्णुता का प्रमाण भी। प्रश्नात्मकता मनुष्य का स्वभाव है और विकास की अनिवार्यता भी। प्रकृति के अनेक रहस्यों को प्रश्नों के सहारे ही जाना गया। प्रश्नों के माध्यम से ही सामाजिक क्रांतियों के नए इतिहास रचे गए। जो समाज प्रश्नों के दरवाजे बंद कर देता है वह कट्टरता के खोल में कैद, आदमी से आदमी को अलग करता है, द्वेष और शत्रुता को जन्म देता है। धार्मिक संप्रदाय इसका ज्वलंत उदाहरण है।

कल तक जिन प्राचीन ग्रंथों को आदर और श्रद्धा से देखा-पढ़ा जाता था आज उनमें वर्णित घटनाओं एवं पात्रों की भूमिका पर अनेक शंकाएं एवं प्रश्न सिर उठाए हुए हैं। भारतीय वाङ्मय में महाभारत को 'पंचमवेद' कहा गया है। यह भी कि जो कुछ जगत् में है वह सब महाभारत में है और जो इसमें नहीं है वह अन्यत्र कहीं नहीं है। किंतु इतनी प्रसिद्धि और आदर के बावजूद महाभारत की अनेक घटनाओं और सच्चाईयों पर उंगली उठती रहती है, प्रश्न ऐसे कि पीछा नहीं छोड़ते। मुक्तेश ने इन्हीं प्रश्नों का संतुलित एवं सुनियोजित ढंग से पीछा किया है।

महाभारत के 19 पात्रों से लिए गए कल्पनाधारित इंटरव्यू में मुक्तेश ने प्रश्नों की व्यूहरचना में हर पात्र को इस प्रकार घेरा है कि उसकी कुंठाओं, वर्जनाओं और

दुरभिसंधियों से पर्दा हटने लगता है। इन पात्रों में वेदव्यास, भीष्म पितामह, युधिष्ठिर, दुर्योधन, बर्बरीक आदि सहित चार नारी पात्र भी हैं-सत्यवती, गांधारी, कुंती तथा द्रौपदी।

लेखक के अनुसार महाभारत ने हमारे देश के मानस को इतना प्रभावित किया है कि इसे पूज्य धार्मिक ग्रंथ का दर्जा हासिल है फलतः इसका ऐतिहासिक एवं साहित्यिक महत्व गौण हो गया है। किंतु लेखक के लिए महाभारत आदमी की महागाथा है, किसी देवता या अतिमानव की विरुदावली नहीं। इसलिए धरती पर जन्मी-पली जिन विभूतियों को धार्मिकता के मोह में मनुष्य की पहुँच से ऊपर उठा दिया गया है, मुक्तेश उन्हें वंशवृद्धि, सत्ता की छीनाझपटी तथा छलकपट में गले तक डूबे हुए देखता है और बहुत बार उनमें आज के खुरदुरे यथार्थ की झलक दिखाई पड़ती है। लेखक की चिंता यह भी है कि महाभारत के रचयिता महर्षि वेदव्यास के आगे चूंकि वे पात्र अपना भेद प्रकट करने से कतराते रहे इसलिए वह परत-दर-परत उनके मन की गहराई में उतरकर बहुत से अनकहे और अनलिखे तथ्यों को जाहिर करे। प्रश्न प्रखर एवं बेबाक हैं। कई बार लेखक के पाँव के तले की जमीन भी खिसकने लगती है जब उसे किसी पात्र से अप्रत्याशित उत्तर सुनने को मिलता है या प्रति प्रश्नों का सामना करना पड़ता है। नोक झोंक के बावजूद आत्मीयता का भाव लेखक और पात्र को संकोचमुक्त आधारभूमि पर लाने में सफल रहता है और हर मुलाकात यक्ष-युधिष्ठिर संवाद की तरह सुखद अंत में संपूर्ण होती है। अचरज नहीं कि 'मैंने नहीं लिखा महाभारत' के प्रश्न वैविध्य के रचनाकौशल के मद्देनजर एक विद्वान समीक्षक मुक्तेश में यक्ष का प्रतिरूप देखता है।

साक्षात्कार के लिए आहूत प्रथम पात्र बर्बरीक है और अंतिम महर्षि वेदव्यास। कुंती की पीड़ा का चित्र अत्यंत मार्मिक है। लेखक को 'उसकी अलसाई आंखों में सूखा पोखर झांकता नजर आ रहा था। वह पश्चाताप की मुद्रा में कहती है कि यदि मुझे पता होता कि कर्ण का जन्म उस समय की सामाजिक परिस्थितियों में अस्वाभाविक घटना नहीं है तो उसे त्यागने की गलती कभी न करती। यह तो मुझे बाद में पता चला कि वेदव्यास, कृपाचार्य, द्रोणाचार्य आदि के जन्म के पीछे भी ऐसी ही कहानियाँ हैं।'

श्री कृष्ण के विषय में लेखक का मत है कि विश्व के लिखित-अलिखित इतिहास में कृष्ण जैसा सक्रिय-क्रियाशील पात्र मुझे देखने-सुनने को नहीं मिला है। इसी धारणा के तहत उसे कृष्ण की तथाकथित अनीति अथवा कूटनीति पर किए अनेक प्रश्नों के उत्तर सटीक और संतोषजनक जान पड़े। प्रश्नों के विषय थेः स्नान करती गोपिकाओं के वस्त्र चुराना, अपने रनिवास में सोलह हजार रानियाँ रखना, गीता में फल की इच्छा के बिना कर्म करने की अव्यवहार्यता, युद्ध से बचकर मथुरा से द्वारिकापुरी की ओर पलायन आदि। कृष्ण के उत्तर वास्तव में संतोषप्रद हैं अथवा

लेखक की अपनी लीपापोती। धृतराष्ट्र के साक्षात्कार में इसी सच्चाई को उजागर किया गया है, धृतराष्ट्र के शब्द : मैं नहीं जानता वेदव्यास जी ने मुझे कैसा चित्रित किया है...घटनाओं को तो लेखक शब्दों का चोला पहना सकता है किंतु किसी के मन में उठ रहे भावों की अभिव्यक्ति लेखक की निजी होती है...।

महाभारत के रचयिता वेदव्यास का यह कहना कि 'सच तो यह है कि महाभारत ग्रंथ मैंने लिखा ही नहीं था' चकित करता है। मुक्तेश ने इस कथन को रोचक तार्किकता से आगे बढ़ाया, यहीं उसकी व्याख्यात्मक शैली का उत्कर्ष है। निष्कर्षतः कहा गया कि महाभारत जैसा ग्रंथ केवल मात्र इतिहास न होकर काव्यात्मक ऐतिहासिक रचना है जिसकी आत्मा पूर्णतः साहित्यिक होती है।

मुक्तेश के कुछ मित्रों ने उसकी निजी जिंदगी में तांक झांक की है। उन्होंने कहा कि वह स्कूल में कविता-कहानी लिखने में तल्लीन रहता है। यह भी कहा जाता रहा कि उसकी साहित्य साधना का मूल्य उसकी पत्नी और बच्चों को चुकाना पड़ता है। सेवाकाल में वह सदा अकेला रहने का अभ्यासी रहा। सुखचैन सिंह भंडारी की नजर में "मुक्तेश अध्यापन की ड्यूटी से लौट कर सबसे पहले दाल-रोटी की तैयारी में जुट जाता है। यहाँ-वहाँ बिखरे चकला, बेलन, आटे का कनस्तर, परात और घी का डालडा छाप डिब्बा। हाँ, एक बात जरूर कि श्रीमान् जी रोटी बनाने में औरतों को भी मात करते हैं। देसी घी का तड़का इतनी खुशबू छोड़ता कि एक-दो बार मौके पर पहुँचकर मैंने भी उस भोजन का रसास्वादन किया है। कमरे की दीवारों पर इक्का-दुक्का पुराने कैलेंडर जिन पर बने चित्र रंग छोड़ गए हैं। भारत और संसार के बड़े साईज के नक्शे, छत पर जहाँ-तहाँ लगे मकड़ी के जाले। बस इसी में मस्ती मारते हैं मेरे मित्र सुगनचंद मुक्तेश।" भंडारी ने मुक्तेश की एक और विशेषता का उल्लेख करते हुए लिखा कि 'मुक्तेश ने सिरसा के अनेक लेखकों को आगे आने के लिए प्रोत्साहित किया और उनकी पुस्तकें प्रकाशित करवाने में यथेष्ट सहयोग दिया।'

मुक्तेश ने स्थानीय, राज्य स्तरीय तथा राष्ट्रीय स्तर पर अनेक सम्मान तथा पुरस्कार प्राप्त किए हैं। 1983 में तत्कालीन राष्ट्रपति ज्ञानी जैल सिंह ने राष्ट्रपति भवन में उन्हें सरोपा भेंट करके सम्मानित किया। मुक्तेश हरियाणा साहित्य अकादमी से पुरस्कृत एवं सम्मानित है किंतु अकादमियों की पुरस्कार रीति-नीति से वह संतुष्ट नहीं है। अपना रोष प्रकट करते हुए उसने दो एक उदाहरण दिए 'लगभग तीस वर्ष पहले 'धर्मयुग' से साक्षात्कार में यशस्वी बंगला साहित्यकार विमल मित्र ने भेंटकर्ता से पूछा था कि आजकल साहित्य अकादमी का क्या 'रेट' चल रहा है। इसी लेख में खुलासा था कि शायद एक लाख रूपये। उस समय साहित्य अकादमी की पुरस्कार राशि करीब 10 हजार रूपये थी।

'दूसरी घटना शिव बटालवी की कृति 'लूणा' पर मिले पुरस्कार को लेकर है।

उसे मूल्यांकन कर्ताओं के चक्कर काटने पड़े और शराब पर बेतहाशा खर्च करना पड़ा। यह स्थिति साहित्यकार और अकादमी दोनों को अपमान के कोने में खड़ा करती है।'

मुक्तेश के अनुसार प्रांतीय अकादमियों तथा विभिन्न संस्थाओं की छवि भी केंद्रीय साहित्य अकादमी से भिन्न नहीं है। उसने बताया कि 'सन् 1982 में हरियाणा साहित्य अकादमी ने मेरे महाकाव्य 'युगांतर' को प्रथम पुरस्कार दिया। उस समय पुरस्कार की राशि एक हजार रूपये थी। दो रचनाओं का समान मूल्यांकन आने पर यह रकम आधी-आधी बांट दी जाती थी। उस वर्ष मुझे और जयनाथ 'नलिन' दोनों को एक-एक हजार रूपये देने की घोषणा थी। अंबाला में आयोजित समारोह में पुरस्कार लेने गया तो हरियाणा साहित्य अकादमी के एक अधिकारी से पूछा कि क्या इस वर्ष से 'कविता' के दो पुरस्कार शुरू किए गए हैं। उसने ऑफ द रिकार्ड सूचना दी कि 'वरिष्ठ साहित्यकार होने के नाते 'नलिन' जी को पुरस्कृत करना जरूरी था। आपको हम 'इगनोर' नहीं कर सके क्योंकि 'युगांतर' पर डा. राम कुमार वर्मा और डा. केलकर की समीक्षा टिप्पणियों की अवहेलना कर पाना संभव नहीं था। इसलिए इस बार पुरस्कार राशि आधी-आधी न बांट कर दो पुरस्कार पूरी-पूरी राशि के दिए जा रहे हैं।' मुक्तेश ने अपनी व्यथा प्रकट करते हुए कहा, 'आप अनुमान लगा सकते हैं कि मुझे ये समीक्षक न मिले होते तो परिणाम क्या होता। कुछ ऐसा ही हादसा मेरे उपन्यास 'अपराजेय' के साथ हुआ। 1987 में मैंने इसे पुरस्कार के लिए भेजा था। 'उपन्यास' विधा में उस वर्ष किसी को पुरस्कार ही नहीं दिया गया।'

भारतीय ज्ञानपीठ को देश के सर्वोच्च साहित्य पुरस्कार का दर्जा हासिल है। किंतु 'ज्ञानपीठ' भी संदेह के घेरे से बाहर नहीं है। 1982 में अमृता प्रीतम को पुरस्कृत करने पर तथा सन् 2000 में निर्मला वर्मा तथा पंजाबी उपन्यासकार गुरदयाल सिंह को संयुक्त रूप में पुरस्कार दिए जाने पर साहित्यिक गलियारों में विवाद के स्वर उभरे थे।

प्रेम संबंधों के विषय में मुक्तेश ने स्वीकारा कि अनेक लड़कियों से उसके अंतरंग संबंध रहे किंतु ये रिश्ते उसके लेखन के प्रेरणास्रोत कभी नहीं रहे। बरसों पहले 'धर्मयुग' में प्रकाशित जैनेन्द्र कुमार के लेख 'घर में पत्नी, मन में प्रेयसी' की काफी चर्चा हुई थी। साहित्यकारों ने जैनेन्द्र कुमार की लेखकीय ईमानदारी की मुक्त कंठ से सराहना की। किंतु मुक्तेश इस विचार से कभी सहमत नहीं हुआ कि प्रत्येक लेखक के पीछे किसी 'प्रेयसी' की प्रेरणा रहती है। उसका कहना है कि 'मैंने जो कुछ लिखा वह किसी घटना, अनुभव, स्वतः स्फूर्त विचार या कल्पना पर आधारित रहा है जिसका जिक्र मैंने यथास्थान किया भी है।'

सेवानिवृत्ति के बाद 5 वर्ष तक दिल्ली में रहकर लेखन कार्य किया। लेकिन वहां का माहौल उसे रास नहीं आया। एक बड़े अखबार के संपादक ने 'मैंने नहीं

लिखा महाभारत' धारावाहिक रूप में प्रकाशित करना स्वीकार नहीं किया। लेकिन उन 5 वर्षों के दौरान लिखा 'महाकाव्य हजरत मुहम्मद' मुक्तेश की काव्य साधना का महत्वपूर्ण प्रतिफल है। मात्रिक छन्द में लिखे इस ग्रंथ में 13 सर्ग हैं। मुस्लिम विद्वानों की राय में इस्लाम के 1400 वर्षीय इतिहास में हजरत मुहम्मद पर लिखा गया संभवतः यह प्रथम महाकाव्य है। मुक्तेश को इसकी प्रेरणा अपनी बालोपयोगी कृति 'बाबा बोले सुनो कहानी' से मिली जिसमें हजरत मुहम्मद की संक्षिप्त जीवनी थी और जिसे 'मधुर संदेश संगम' दिल्ली ने प्रकाशित किया था। मरकजी मकतबा इस्लामी में कार्यरत विद्वान मौलाना मुहम्मद फारूक खां के अनुरोध पर उसने हजरत मुहम्मद पर महाकाव्य लिखने का काम हाथ में लिया। करीब डेढ़ वर्ष तक हिंदी, उर्दू, अंग्रेजी के अनेक ग्रंथों का गहन अध्ययन किया जिनमें हजरत मुहम्मद और इस्लाम धर्म का विवेचन था। ग्रंथ का योजनाबद्ध लेखन 1996 में शुरू होकर 2001 में संपन्न हुआ। इस दौरान कुछेक हिंदू और मुस्लिम कट्टरपंथियों द्वारा नकारात्मक टिप्पणियां सुनने को मिलीं। हिंदुओं के मुताबिक 'वह एक विधर्मी पर लिखकर अपनी काव्यक्षमता का दुरुपयोग कर रहा है।' मुसलमानों के विचार में 'एक गैर मुस्लिम को यह लिखने का हक कैसे हो सकता है।' उसने दोनों के कथन को कोई महत्व नहीं दिया। दरअसल वह इस सोच पर चल रहा था कि ''हिंदुस्तान हिन्दू-मुसलमान दोनों के अस्तित्व का नाम है। इन दोनों का मिलजुल कर रहना इस देश की खुशहाली के लिए एक अनिवार्यता है। मेरे इस प्रयास से दोनों में मधुर संबंधों की बुनियाद कायम हो सके तो मेरे लिए यह एक उपलब्धि से कम न होगा।'' मुक्तेश की यह सोच अब भी कायम है।

धर्म-अधर्म की व्याख्या में मुक्तेश ने कहा कि मैं प्रारंभिक समाज के मुखियाओं द्वारा स्थापित कुछ एक नियमों को धर्म मानता हूं जो उन्होंने अपनी भौगोलिक स्थिति को ध्यान में रखकर समाज को सुखमय-सुचारु चलाने के लिए नियत किए। इनके टूटने से समाज के विघटन की आशंका थी इसलिए ऐसे नियमों को उन्होंने धर्म-अधर्म की संज्ञा दे दी। साथ में स्वर्ग-नर्क का हौवा खड़ा कर दिया। धर्मभीरु जनता ने उसे अपना लिया जो आज तक जारी है।

ईश्वर को मुक्तेश एक ऐसी शक्ति के रूप में देखता है जिसके तहत यह सारा ब्रह्मांड नियमबद्ध अस्तित्व में है। प्राचीन समय के प्रमुख व्यक्तियों को देवत्व प्रदान कर उनसे इच्छित वरदान की कामना वह निरर्थक मानता है। इतना ही नहीं, उन्हें किसी मंदिर-मस्जिद-गुरूद्वारा-गिरजाघर में कैद कर उनके नाम पर वैर-विरोध और हिंसा की घिनौनी हरकतें इतिहास के पृष्ठों पर दर्ज आदमी को हैवान में बदलने की शर्मनाक दास्तान है।

देश के राजनैतिक परिवेश पर मुक्तेश का कहना है, ''मैं वर्तमान राजनीति को एक भ्रष्ट नीति ही नहीं बल्कि अनीति मानता हूं जिसके तहत जिनको सीखचों

में बंद होना चाहिए वे उत्तरोत्तर शीर्ष पर जा रहे हैं और जो शीर्ष पर बैठने के अधिकारी हैं उन्हें अंधेरे कोनों में धकेल दिया गया है।''

1997 में वह अपने गांव लौट आया। साठ वर्ष पहले भूकरका से अमृतसर जाते समय जो तख्ती सामान के साथ रखी थी उसे सुरक्षित वापिस ले आया। उसकी स्याही फीकी पड़ गई है और हुक्के के गिर्द बैठा भाईचारा, ढोला-मारू के गीत और लहसुन की लाल चटनी के अक्षर धुंधला गए हैं। गांव बहुत बदल गया है। आज उसमें 15 सौ घर हैं और आबादी 18 हजार। दो हाई, एक मिडल, दो प्राईमरी स्कूल हैं। सड़क, घर-घर में पानी के नल, बिजली।

गाँव की पक्की सड़क पर संभल-संभल कर चलते हुए वह कुछ याद करता हुआ पीछे चला जाता है-

एक ये दिन जब सारी सड़कें रूठी-रूठी लगती हैं
एक वो दिन जब 'आओ खेलें' सारी गलियां कहती थीं।

"झूठ का परिष्कृत नाम है कल्पना। कल्पना का काव्यात्मक रूप ही तो है साहित्य। तो झूठ ही है साहित्य। लेकिन ऐसा झूठ जो सच जैसा लगे – यही कहा प्रेमचंद ने। आज से दो हज़ार साल पहले यूनानी दार्शनिक अफलातून ने भी यही कहा था – हर एक काल्पनिक रचना में मौलिक सत्य मौजूद होता है।"

– कमला चमोला

कमला चमोला : झूठ का सच्चा बयान

कोई कैसे लेखक बन जाता है इसके अनेक कारण हो सकते हैं - वैयक्तिक, पारिवारिक, सामाजिक और पारिवेशिक। लेखकों से पूछा जाए तो उन सबकी अलग-अलग दुनिया, अलग-अलग कहानी। प्रयोजन की दृष्टि से भी ध्रुवांतर। तुलसीदास ने स्वांतः सुखाय लिखा रामचरित जबकि अज्ञेय ने स्पष्ट कहा - मैं स्वांतः सुखाय नहीं लिखता, अन्य मानवों की भांति अहं मुझमें भी मुखर हैं और आत्माभिव्यक्ति का महत्व मेरे लिए भी कम नहीं। लेखन में 'कैसे' और 'क्यों' अलग से शोध के विषय हैं। साहित्य में रुचि एवं वैज्ञानिक दृष्टिकोण से लैस शोधार्थी इस दिशा में महत्वपूर्ण कार्य कर सकता है। वैज्ञानिक के पास पर्यवेक्षण, विश्लेषण, निष्कर्ष के औजार होते हैं जिनकी सहायता से वह अपने शोधकार्य में भरसक वस्तुपरक हो सकता है। कुछ उपयोगी नतीजे निकल सकते हैं। डा0 गणपति चंद्र गुप्त तथा डा0 त्रिलोकचंद तुलसी इसी श्रेणी के साहित्य मनीषी हैं। उन्होंने लेखन के रुझानों को वैज्ञानिक दृष्टि से देखा और साहित्यिक धाराओं के पीछे क्रियाशील समान कारकों को खोजने में अद्भुत कौशल का परिचय दिया। गणपति चंद्र गुप्त के 'साहित्य विज्ञान' तथा 'हिंदी साहित्य का वैज्ञानिक इतिहास' में नई साहित्यिक दृष्टि है। त्रिलोकचंद तुलसी की कृति 'परिवेश, मन और साहित्य' को मौलिकता की दृष्टि से क्लासिक का दर्जा हासिल है।

फिलहाल हम सुगम और सीधे मार्ग पर चलते हुए एक लेखिका के घर पहुंचते हैं और उसी से पूछते हैं उसके लेखन की शुरुआत से अद्यतन यात्रा। यह घर है कमला चमोला का। घर के सामने की सड़क शांत और सूनी है इस समय। लोग या तो घरों के भीतर हैं या रोजमर्रा के काम से दूकान-दफ़्तर चले गए हैं। किसी सब्जी-फल रेहड़ी वाले की आवाज सुन इधर-उधर के मकानों में हिलजुल होती है और कुछ महिलाएं जरूरत की खरीदारी के लिए रेहड़ी को घेरने लगती हैं। कमला चमोला उनमें नज़र नहीं आती हालांकि रेहड़ी वाला उनके घर के ठीक सामने खड़ा है। घंटी बजाने पर वे बाहर आती हैं। फरवरी का अंतिम सप्ताह सर्दी रुकते-रुकते विदा हो रही है। चमोला एक हल्का शाल ओढ़े हुए है। लॉन में दो-तीन कुर्सियां एक छोटी मेज। क्यारियों में कुछ फूल पौधे। तुलसी और चंपा से सर्दी ने सारे पत्ते छीन लिए हैं। एक क्यारी में गेंदा, दूसरी में कासमस जिसमें सफेद और जामनी रंग के फूल

खिले हैं।

पहली बार उनसे मिला था तो वे हरियाणा कृषि विश्वविद्यालय परिसर में रहती थीं जहां उनके पति डा0 सर्वेश्वर दत्त को आवासीय सुविधा उपलब्ध थी। पति के सेवानिवृत्त होने पर वे अपने मकान में आ गए हैं जिसका निर्माण सेवानिवृत्ति के दो-एक वर्ष पूर्व किया गया था। बच्चे बाहर रहते हैं - बेटा पुणे में साफ्टवेयर इंजीनियर है, विवाहिता बेटी दिल्ली में कंसल्टैंट। पति यू.जी.सी. से मिली फैलोशिप के तहत कौटिल्य के अर्थशास्त्र पर आधारित एक विषय पर शोधरत हैं।

और कमला चमोला अपनी कहानियों का ताना बाना बुनती रहती हैं। आजकल एक उपन्यास लिख रही हैं।

चाय पर बातें शुरू हुईं तो पूछ बैठा - आपने पहला झूठ कब बोला ? अचानक पूछे गए इस प्रश्न का कोई आधार रहा होगा जो अब याद से फिसल गया है। हो सकता है चमोला के सरल स्वभाव और निर्व्याज व्यवहार से यह सवाल ज़हन में कौंध गया हो। या यह कि लेखक प्रायः मानवीय कमजोरी को सहज स्वीकारने में उदार होते हैं।

वह कुछ सकपकाई। लेकिन अगले ही क्षण साफ़गो हो गई - झूठ तो हम सब रोज ही बोलते हैं। अब यह याद नहीं आ रहा कि पहले पहल कब बोला होगा।

- चलो, कोई ऐसा झूठ जो याद रह गया हो ?

वह फिर रुकी। कहीं पीछे झांका और ढूंढ लाई एक किस्सा - झूठ बोलने में बचपन से ही मुझे बहुत कष्ट होता है। फिर भी बुद्धि विकसित होते ही हर बच्चा झूठ बोलने की शिक्षा-दीक्षा ले लेता है। मनोविज्ञानिक कहता है कि ज्यों-ज्यों हम बड़े होते हैं झूठ बोलने में माहिर होते जाते हैं। जीवन में अनेक झूठ बोले होंगे पर यह एक पूरा सच है कि बोलते हुए जुबान अटकी और अंतरात्मा पर ज़ोर पड़ा। एक वाक़या जरूर याद आता है - पिता जी के एक मित्र ने बड़े प्रेम से एक मणिपुरी शाल उन्हें भेंट की। शाल पर हथकरघे का काम मुझे बहुत पसंद आया। मैं उन दिनों जयपुर के निकट वनस्थली विद्यापीठ में पढ़ रही थी। वहां गई तो शाल साथ ले गई और दर्जी से उसका कुर्ता सिलवा लिया। अगले साल वापिस आई तो संयोगवश वही चाचा जी घर बैठे मिले। मेरा कुर्ता देख बोल उठे - यह वही शाल है जो मैं मणिपुर से लाया था। मेरी सिट्टी-पिट्टी गुम। ऊपर का सांस ऊपर, नीचे का नीचे। एकदम मुंह से झूठ निकला- नहीं यह तो वनस्थली में खरीदा था मैंने। मन में भय था कि चाचा जी सोचेंगे 'मेरे प्यार से दिए उपहार की इस लड़की ने इस तरह चीर-फाड़ कर दी।' बाद के वर्षों में भी यह झूठ सालता रहा।

इस बीच चाय समाप्त कर ली थी। जैसे मैंने झूठ को लेकर चमोला पर अचानक सवाल उछाला था उसी अंदाज में उसने भी झूठ के एक और आयाम को साहित्य की चाबी से खोलना शुरू किया-

'साहित्य क्या है ?'

'झूठ ना ! कल्पना स्यूत झूठ। और कल्पना ? झूठ का एक परिष्कृत नाम।' वह खुद ही जैसे किसी मास्टर चाबी से अनेक ताले खोल रही है -

'कल्पना का काव्यात्मक रूप ही तो है साहित्य। तो झूठ ही है साहित्य। लेकिन ऐसा झूठ जो सच जैसा लगे - यही कहा प्रेमचंद ने। आज से दो हजार साल पहले यूनानी दार्शनिक अफलातून ने भी कहा था - हर एक काल्पनिक रचना में मौलिक सत्य मौजूद होता है।'

मैं अवाक् सुनता रहा। वह ऐसे बोल रही थी जैसे पहले पढ़ी किसी पुस्तक के पन्ने बांच रही हो -

'साहित्य का झूठ सोद्देश्य होता है - किसी यथार्थ को प्रखर बनाने के लिए या किसी गूढ़ विषय को प्रतीक या लक्षणा के माध्यम से समझाने के लिए। दूसरी सूरत में कल्पना का जाल बुनने में यदि कौशल का अभाव हो या शैथिल्य हो तो जिन बिम्बों और प्रतीकों से वह बुना जाता है उसमें लेखक का मंतव्य उलझ कर रह जाता है, दुरूह हो जाता है। दूर की कौड़ी और बिना सिर पैर की गप्पबाज़ी। रोचक होते हुए भी यथार्थ से कोसों दूर, जीवन से कटा हुआ। 'चंद्रकांता' और 'चंद्रकांतासंतति' का तिलिस्म मनोरंजक होते हुए भी जिंदगी के यथार्थ के करीब कहीं नहीं है। शताब्दियों पूर्व लिखे पुराण भी असाधारण घटनाओं, अविश्वसनीय आख्यानों के कारण स्वामी दयानंद सरीखे विद्वान के गले नहीं उतरे।

'लोक कथाओं की किस्सागोई हो या तिलिस्म और ऐयारी की कहानियां या पुराणों का मिथक, कल्पना की उड़ान के बिना उनका सृजन संभव नहीं। पाठकीय धरातल पर उनकी ग्राह्यता पाठक से बुद्धिचातुर्य की मांग करती है। झूठ के पीछे का सच, या कहें, कल्पना के आवरण में छिपा सनातन सत्य पाठक के विवेक की कसौटी है।'

कमला की झूठ बयानी कला में परिवर्तित होती प्रतीत होती है। उसकी गवाही के लिए उपन्यास और कहानी के लिए प्रयुक्त अंग्रेजी शब्द 'फिक्शन' मेरे सामने आ खड़ा है जिसका अर्थ 'गल्प' तो है ही, 'झूठ' भी है।

कमला का जन्म 15 अगस्त 1949 को पंचमढ़ी - मध्यप्रदेश में हुआ। स्वतंत्र भारत में स्वतंत्रता दिवस पर जन्म लेने से वह मान बैठी थी कि उसे कुछ विशेषाधिकार मिलने चाहिए। चाहा कि सब कुछ उसके मन मुताबिक हो। कमज़ोर स्वास्थ्य के कारण स्वभाव चिड़चिड़ा था गुस्से की हद तक। लाड़ प्यार से सम पर आती। पंचमढ़ी का सुरम्य पर्वतीय स्थल और शीतल हवाएँ उसे शीघ्र प्रकृतिस्थ कर देतीं और तब वह शांत, सुघड़, गंभीर, बालिका दिखाई देती। घर में हर काम की आजादी थी पर स्वतंत्रता और स्वच्छंदता का भेद उसे जल्दी ही समझ आ गया। अपने क्षितिज के विस्तार की सीमा का ज्ञान हुआ तो प्रयास रहता कि माता-पिता को कभी

नीचा न देखना पड़े।

पिता संस्कृत के विद्वान एवं ज्योतिष में पारंगत थे। अपनी योग्यता एवं रुचि के अनुकूल सेना में वे धर्मगुरु एवं अध्यापक के पद पर नियुक्त हुए। कन्या का जन्म और नौकरी की प्राप्ति साथ-साथ होने पर पिता ने बेटी का नाम कमला-लक्ष्मी का पर्याय- रखा। प्रथम संतान होने पर घर भर की लाडली, दो छोटे भाइयों की बहिन।

शिमला को हिमालय पर्वत की रानी कहा जाता है तो पंचमढ़ी को सतपुड़ा की रानी। प्राकृतिक सौंदर्य का अथाह फैलाव। प्रकृति के सामीप्य ने न जाने कितने तंतुओं को झंकृत किया। वह बेहद संवेदनशील, अंतर्मुखी और मितभाषी हो गई। किसी से घुलने-मिलने में संकोच उसकी आदत का हिस्सा बन गया। फिर पुस्तकें और पत्रिकाएं ही उसकी हमजोली बनीं। पढ़ने का शौक नशा बन गया। पिता श्री गुणानंद शास्त्री सेना के पुस्तकालय से पुस्तकें लाते जिनसे कथा-कहानी-पुराण महाभारत आदि प्राचीन एवं अर्वाचीन सभी प्रकार की रचनाएँ पढ़ने की सुविधा प्राप्त हुई। धर्मयुग, पराग, कल्याण आदि पत्रिकाएं नियमित रूप से घर में आतीं। उन दिनों को याद कर स्वर्गीय पिता के प्रति आभार जताते हुए उसकी आंखें नम हो जाती हैं। दिन भर किताबों में डूबे रहना, न माँ को पसंद था, न भाइयों को। पिता पर आक्षेप लगता कि क्यों वे उसे पुस्तकें लाकर देते हैं।

पिता पुरोहिताई भी करते जो कमला को बिल्कुल पसंद नहीं था। वह इसे हेय दृष्टि से देखती और हीनभाव से भर उठती। पिता को पता चला तो वे बेटी की खुशी के लिए पुरोहिताई के प्रति अन्यमनस्क हो गए। वे अन्य बातों में भी बेटी का परामर्श लेने लगे।

रात के भोजन के बाद सब सोने के लिए चले जाते। लेकिन कमला के लिए एक जरूरी ड्यूटी शुरू हो जाती। उसके दोनों छोटे भाई अगल बगल आकर लेट जाते और बहिन से कहानी सुनने का आग्रह करते। यह एक ऐसा अनुष्ठान था जिसे संपन्न किए बिना तीनों को नींद न आती और इसी अनुष्ठान ने कमला को कमला चमोला बना दिया। 'यही मेरे लेखन का पहला पाठ रहा होगा। भाइयों को काल्पनिक कहानियाँ सुनाना शुरू कर देती। बोलते-बोलते कहानी गढ़ना और कहानी गढ़ते-गढ़ते बोलना।' कमला ने एक आत्मकथ्य में लिखा।

एक दिन पिता ने हैरत में पड़कर कह दिया - बेटी, इतनी कहानियां कैसे गढ़ लेती है। इन्हें लिख भी लिया कर।

- और सचमुच ही मैंने एक कहानी लिख दी। चौदह साल की उम्र। पहली बार कलम उठाई और 'पराग' पत्रिका द्वारा आयोजित कहानी प्रतियोगिता के लिए कहानी भेज दी। आज भी उस कहानी का नाम याद है - 'शरारत और शराफत'। कहानी पुरस्कृत तो नहीं हुई पर अच्छा प्रयास करनेवालों में मेरा भी नाम था।

पत्रिका में अपना नाम पढ़ मैं खुशी से झूम उठी। एक आत्मविश्वास पैदा हुआ कि मैं भी लिख सकती हूँ।

बोर्ड की आठवीं, दसवीं की परीक्षाओं के कारण कहानी लेखन सुषुप्तावस्था में चला गया।

बरसों बाद लिखी कहानी 'पूजा के फूल' चमोला की प्रथम प्रकाशित कहानी है जो 'नंदन' में छपी। आज तक वे करीब साढ़े तीन सौ बाल कहानियाँ लिख चुकी हैं। प्रायः सभी प्रकाशित हैं।

घर का वातावरण धार्मिक होते हुए भी सोच की दृष्टि से उसमें एक खुलापन और सादगी थी। छोटा भाई भोपाल मेडीकल कॉलेज में पढ़ रहा था। हॉस्टल से घर आता तो हीरालाल मोची से मिले बिना न रहता। उससे दोस्ती थी, घंटों बतियाता रहता। ब्राह्मण होते हुए भी पिता सबसे ज्यादा आदर यदि किसी को देते तो वह थी गंगिया जमादारिन। पिता उसे अम्मा कह कर बुलाते। घर आने पर वे उसे 'अम्मा राम राम' कहते तो सदियों के संस्कारों तले दबी गंगिया टोकती 'गुरु जी क्यों मुझे पाप में डालते हो?'

माँ घर के कामकाज से कमला को दूर ही रखती। खेलना, खाना पीना और पढ़ना बस यही तीन काम थे उसके। खाना बनाना शादी के बाद ही सीखा। घर की उन्मुक्तता, प्रकृति की रमणीयता और आस पड़ोस की सद्‌भावना के बावजूद कमला तनावग्रस्त रहती। कारण था पढ़ाई के प्रति अतिशय चिंता। परीक्षा में प्रथम-द्वितीय स्थान पर जरूर आना है तभी अध्यापकों की नजर में प्रतिष्ठित बनी रहूंगी, इस परेशानी के छिलके को उतार फेंकने की उधेड़बुन में वह दुखी रहती। दुख की यह काल्पनिक स्थिति उसकी कहानियों में पात्रों के मनोविज्ञानिक चित्रण में सहायक हुई।

चूंकि पंचमढ़ी में कोई कॉलिज नहीं था कमला को आगे की पढ़ाई के लिए विख्यात वनस्थली विद्यापीठ भेजा गया। वह एक नई दुनिया में आ गई - नये लोग, नया वातावरण। हरी भरी पंचमढ़ी से रेगिस्तानी राजस्थान। धीरे-धीरे एडजस्ट हुई। आर्थिक स्थिति और योग्यता के आधार पर मिली छात्रवृत्ति के कारण वह हीन भावना से ग्रस्त रही। उसकी सहेलियां संपन्न परिवारों से थीं इसलिए वह कमतरी के अहसास से मुक्त नहीं हो पाई।

पंचमढ़ी से वह दो चीजें अपने साथ लाई थी - परिजन का स्नेह और पुस्तकों का शौक। अकेलेपन में इन्हीं से उसे राहत मिलती। संयोग कि उसकी रूम पार्टनर नेमलता उसकी तरह गंभीर और मितभाषी थी और पढ़ने की शौकीन भी। साथ-साथ उन्होंने अनेक पुस्तकें पढ़ डाली जिनमें विमल मित्र के उपन्यास ''खरीदी कौड़ियों के मोल'' के दो मोटे-मोटे भाग भी थे। कॉलेज के पुस्तकालय में एक दिन एक नई पुस्तक किसी लड़की के हाथ लग गई - लड़कियों को सेक्स जानकारी देने के

उद्देश्य से लिखी इस पुस्तक से होस्टल की लड़कियों में हड़कम्प सा मच गया। बेस्टसेलर की तरह इसे पढ़ने के लिए सभी उत्सुक। कमला ने इसे पढ़ा तो पढ़ती ही रह गई। '...रहस्य के आवरण एक-एक करके खुल रहे थे। पहली बार सब कुछ इस खुलेपन के साथ आंख-दिमाग के आगे आया कि मैं चकरा गई। तो क्या ऐसे चला करती है सृष्टि...पुरुष-स्त्री के बीच का अंतिम सत्य क्या यही है। हमारे पूज्य तथा बुजुर्ग भी इसी सृष्टि चक्र का अंग हैं...। मन जुगुप्सा से भर उठा।

'अब तक प्रेम-प्यार मेरे लिए एक रूमानी अदेही अहसास था। नाजुक झोंका था हवा का, उसमें खुशबू थी, रोमांच था, चांद-सितारे थे...कोयल की कूक थी, फूलों का सौंदर्य था। एक ही पल में सारे सम्मोहन देह देहरी तक सिमट आए। एक खूबसूरत विश्वास के छितराने-बिखरने के क्षण थे वे।'

आज कमला अहसासों की उन पगडंडियों से गुजरती है तो खुद अपने भोलेपन पर रश्क करने लगती है। आज की खेली-खाई किशोर एवं युवा पीढ़ी को देखती है तो अपनी अल्पज्ञता पर आश्चर्यभरी मुस्कान से उसके होंठ खुले के खुले रह जाते हैं।

हिंदी विभाग के रणजीत सिंह सभी लड़कियों के प्रिय अध्यापक थे। दोस्ताना ढंग से पढ़ाते। अपने विषय के ज्ञाता तो थे ही, लेखक भी थे। उनकी कुछ कविताएं कमला को इतनी पसंद आई कि आज भी जुबानी याद हैं। अवचेतन में निश्चल बैठे लेखन में सरसराहट हुई।

वनस्थली शिक्षेतर गतिविधियों के लिए बेहद उर्वर थी। संगीत, चित्रकला, नृत्य, घुड़सवारी, तैराकी, हवाई जहाज़ चलाना सिखाया जाता था। वह भी निःशुल्क, बस सीखनेवाला चाहिए। कमला ने नृत्य, संगीत, चित्रकला सीखना शुरू किया। भरतनाट्यम भी सीखा। बस सीखना मात्र ही रहा यह सब कुछ। किसी एक कला में विशिष्टता हासिल नहीं की। अंतर्मुखी व्यक्ति के लिए लेखन अधिक अनुकूल होता है। वह भी इस दिशा में सक्रिय हुई - डायरी लिखना शुरू किया - अपने मनोभावों को शब्द देना तथा प्रिय लेखकों-कवियों की रचनाओं को संजोना। मासूम दिनों की संवेदनशील बानगी के रूप में आज भी वह डायरी उसके पास सुरक्षित है।

उन्हीं दिनों पिता कमला की शादी के लिए वर खोज रहे थे। भावी समधी से पत्र व्यवहार शुरू हो गया था। लगता था कि बात तय होने को है। कमला वनस्थली से आई तो उसे स्थिति से अवगत करवाया गया। जिस युवक से रिश्ता होना था वह अच्छी नौकरी पर था किंतु शिक्षा बी.ए. तक। कमला अर्थशास्त्र में एम.ए. कर रही थी। अतः अपने से कम पढ़े युवक को उसने अपने मन से खारिज कर दिया था। उसके लिए पिता का विरोध करना अत्यंत दुष्कर था। फिर भी हिम्मत जुटाई और पिता से मन की बात कह दी। माँ और भाइयों ने भी उसका समर्थन किया। वह रिश्ता सिरे नहीं चढ़ा।

पिता को बेटी की प्राथमिकताएं पता चल गईं। वे नये रिश्ते की तलाश में चल पड़े। उनकी खोज की गाड़ी रुकी हिसार के एक शोधकर्ता के घर के सामने - सर्वेश्वर दत्त उस समय दयानन्द कॉलेज हिसार में प्राध्यापक था और पीएच.डी. कर रहा था। कमला के एम.ए. करते ही विवाह सम्पन्न हो गया।

उसके जीवन का तीसरा अध्याय; नये कपाट खुलने लगे। हिसार आते-आते वह पंचमढ़ी और वनस्थली से सहेजा बहुत सा 'दहेज' अपने साथ लाई थी। अनुभवों की पिटारी से कभी अगल बगल लेटे भाइयों को सुनाई कहानियां झांकने लगतीं तो कभी वनस्थली के प्राध्यापक रणजीत सिंह की कविताएं या अकेले में पढ़े 'बेस्टसेलर' का काम विज्ञान।

वह एक साथ लेखिका और सुघड़ गृहिणी बनने के रास्ते पर कदम ब कदम बढ़ने लगी।

घर की व्यवस्तताओं से पढ़ने का वक्त निकालती तो पति उसी तरह पुस्तकें लाने में सहायक होते जिस तरह उसके पिता। हिसार के पुस्तकालयों से डा0 चमोला पुस्तकें ले आते। कहानी सुनाने की ललक अब भाइयों की बजाए अपने दो छोटे बच्चों से पूरी हो जाती।

कमला चमोला भाइयों-बच्चों को कहानी सुनाते-सुनाते बाल कथा लेखिका बन गई। आज बाल साहित्य के अग्रणी लेखकों में उसकी गणना होती है। वे कहती हैं कि बाल मनोविज्ञान के अनुरूप बाल साहित्य का सृजन दुष्कर कार्य है, इसका कारण यह है कि बाल पाठकों को भाषणी आख्यानों, अल्फाजी बयानबाजी अथवा अपनी विद्वत्ता के नीरस पाठ से बहलाया नहीं जा सकता। बाल साहित्य के सृजन के लिए लेखक को विद्वत्ता ताक पर रखकर बाल मन के समानांतर खड़ा होना पड़ता है। इसके अलावा सार्थक, स्वस्थ और शिक्षाप्रद मनोरंजन रचना में आ पाये इसका विशेष ध्यान रखना होता है। जिस प्रकार मात्र मनोरंजन अथवा रोचकता अपने में पूर्ण होते हुए भी महत्वहीन है उसी प्रकार थोथे संदेश देनेवाली, उपदेश से बोझिल रचनाएँ भी अधूरी होती हैं। इन दोनों का उचित आनुपातिक योग ही आदर्श बाल साहित्य का निर्माण करने में सक्षम होता है। वह एक मिसाल देकर अपनी बात की पुष्टि करती है - घरों में रोज़ चाय बनती है। गृहिणी अंदाज़े से पानी, चाय-पत्ती, दूध, चीनी डालती है। चाय स्वादिष्ट बने ज़रूरी नहीं। जब उचित अनुपात से सामग्री का प्रयोग किया जाए तभी चाय की फ्लेवर, स्वाद, रंग पूरे निखार पर होता है, पीने वाले अशअश कर उठते हैं। अनुपात के प्रति सचेत हुए बिना न अच्छी चाय बनती है, न बाल कथा-कविता।

कमला ने नन्हें पाठकों के लिए उनके मानसिक स्तर को ध्यान में रखते हुए विविध रंगों की कविताएं भी लिखी हैं। कविताओं के विषय बच्चों की रोज़मर्रा जिंदगी से जुड़े हुए हैं। कल्पना का रंग देकर उन्हें आसपास के वातावरण के करीब

रखा है। चांद-सितारे, धरती-सूरज, बादल-बिजली, पशु-पक्षी, हास्य-विनोद आदि विषयों की कविताएं बालमन को आह्लादित करती हैं, कुछ सीख भी दे जाती हैं। उनके बाल कविता संग्रह 'मकरंद' में उक्त प्रकार की कविताएं हैं।

'स्वप्न संसार' में अनेक स्थितियों-स्थानों-मनोभावों के सपने हैं-

बंद पलक पर दस्तक देते भांति भांति के सपने
कभी रूस ले जाते हैं तो कभी अमेरिका सपने
परी देश की सैर कराते रंग बिरंगे सपने
खुली आंख से जो न पाये, वो दे जाते सपने
कभी हंसाते कभी रुलाते कभी डराते सपने
बिन पैसे बिन टिकट कराते सैर सपाटे सपने।

और अंत में एक अच्छी बाल कहानी की तरह कविता का संदेश -

अच्छे और बुरे जैसे हों सपने तो हैं सपने,
मेहनत से हम जो पाते हैं वो अपने हैं सपने।

संग्रह में बच्चों की प्यारी 'पतंग' है, 'आओ चलें' में गांव के मनभावन दृश्य हैं, 'हवा' है जो 'मारे कभी थपेड़े लू के / कभी बर्फ सी लगे हवा। पलपल रूप बदलती फिर भी / दिखे नहीं जादुई हवा।'

'हलवाई' की मिठाइयों सजी दूकान है, 'पंद्रह अगस्त' का राष्ट्रीय पर्व है तो 'जीवन के आदर्श' भी हैं।

चिल्ड्रन बुक ट्रस्ट नई दिल्ली द्वारा कमला चमोला के चार उपन्यास प्रकाशित हुए हैं -

लापता कड़ी
अनोखा उपहार
सत्य की खोज में
नई सुबह की ओर

चारों 'ट्रस्ट' द्वारा पुरस्कृत हैं। 'नई सुबह की ओर' उपन्यास पर तीस हजार रुपये का प्रथम पुरस्कार मिला। चमोला कहती हैं कि इस उपन्यास के लिखने का उद्देश्य यह था कि बच्चों को आयुर्वेद के विषय में जानकारी दी जाए। आयुर्वेद हमारे देश की प्राचीन चिकित्सा पद्धति है जिसका प्रचार आज दुनिया भर में हो रहा है। औषधि निर्माता बड़े पैमाने पर हर्बल यानी जड़ी बूटियों के गुणधर्म के अनुसंधान में लगे हैं ताकि कुछ असाध्य रोगों का सफल इलाज संभव। कथानक में पेटेंट तथा बाजार जैसे शब्दों के तकनीकी अर्थ समझाने का प्रयास भी है। इस तरह इसमें प्राचीन विज्ञान और आधुनिक ज्ञान का समन्वय है।

कहानी की मुख्य पात्र नैना उत्तरांचल के दुर्गम पहाड़ी प्रदेश में रहती है। उसके पिता प्रसिद्ध वैद्य हैं। दूर-दूर के गांवों के रोगी उनके पास आते हैं। गरीबों का वे

मुफ़्त इलाज करते हैं। हर वर्ष वसंत ऋतु में हिमालय की तलहटी में जड़ी बूटियां एकत्रित करने निकलते। एक बार वे कई दिन तक वापिस नहीं आए। छह महीने बीत गए, घाटी बर्फ से ढकी गई और वे नहीं लौटे। गांव वाले मान बैठे कि उनकी मृत्यु हो गई किंतु नैना का मन नहीं माना। इस दौरान नैना का संपर्क एक शोधकर्ता दल से होता है जो कैंसर जैसे घातक रोग के लिए हिमालय में मिलनेवाली जड़ी बूटी की तलाश में निकला है। दल का प्रमुख नैना की सूझ बूझ से प्रभावित होकर गाइड के रूप में उसकी सेवाएं लेता है। प्रमुख की बेटी पल्लवी भी दल में शामिल है। पता चलता है कि चीन के वैज्ञानिकों का एक दल भी इस तरह की खोज में दिलचस्पी रखता है और उस दल का एक सदस्य भारतीय शोधकार्य के भेद जानने के लिए जासूसी कर रहा है। पल्लवी और नैना की सहायता से जासूसी का भंडा फूट जाता है। और इसी अभियान के दौरान नैना के पिता वैद्य जी भी शत्रुओं के चंगुल से आजाद हो जाते हैं।

इस उपन्यास का कलेवर चमोला के अन्य उपन्यासों की तुलना में बड़ा है। चिल्ड्रन बुक ट्रस्ट द्वारा प्रकाशनाधीन यह उपन्यास भी चमोला के अन्य उपन्यासों की तरह बालपाठक के लिए सूचना एवं शिक्षा का स्रोत सिद्ध होगा।

चमोला की बाल कहानियों तथा बाल उपन्यासों का मुहावरा उसकी कविताओं की तरह रोचक और शिक्षाप्रद है।

कमला ने अध्यापिका के रूप में एक स्कूल में नौकरी की - पति यूनिवर्सिटी चले जाते और बच्चे स्कूल में, उसने सोचा कि मैं ही क्यूं खाली रहूं - लेकिन अध्यापकी उसे रास नहीं आई। अल्पभाषी कमला के लिए 6-7 पीरियड लगातार बोलना कठिन तप था।

ऊपर से बच्चों की ढेरों कापियों को जांचना अत्यंत अरुचिकर। किसी तरह 6 महीने काटे और त्यागपत्र देकर घर आ गईं। अब पढ़ने और लिखने के सिवा कोई और काम नहीं था।

'नंदन' पत्रिका में 'पूजा के फूल' प्रकाशित होने से जो हिम्मत बढ़ी थी उसी के सहारे बच्चों और महिलाओं की पत्रिका में रचनाएं भेजनी शुरू कीं। प्रकाशित होने पर खुशी, प्रसिद्धि और पैसा मिलने लगा किंतु वह संतुष्ट नहीं थी - नाम हो जाने पर अब पत्रिकाओं की मांग के अनुसार निश्चित विषय पर लेखन करना पड़ रहा था। उन्हीं दिनों उसने पांच कहानियां, दो बच्चों की और तीन बड़ों की, देश की शीर्षस्थ पत्रिकाओं में भेजीं। तीन कहानियों के स्वीकृति पत्र मिले। यह उसके लिए 'हैटट्रिक' से कम नहीं था।

'धर्मयुग' में 'लाल फूलों का दुपट्टा' कहानी प्रकाशित हुई तो 'सारिका', 'साप्ताहिक हिंदुस्तान', 'कादंबिनी' आदि में भी अनेक कहानियों के प्रकाशन से वह कहानी के राष्ट्रीय मानचित्र पर आ गईं। उसकी प्रकाशित कहानियों की संख्या करीब

एक सौ है। 'हंस' द्वारा आयोजित सर्वभाषा कहानी प्रतियोगिता में 'दांव' कहानी को चतुर्थ स्थान मिला। 'कथाभाषा' तथा हरियाणा साहित्य अकादमी द्वारा भी कहानियां पुरस्कृत हुईं।

'लाश नहीं बोलेगी', 'दांव', 'अंधेरी सुरंग का मुहाना', 'उद्घाटन' चमोला की कुछेक प्रिय कहानियां हैं। 'लाश नहीं बोलेगी' में एक अनजाने व्यक्ति की मृत्यु पर समाज के विभिन्न वर्गों की हृदयहीन उपेक्षा का चित्र है। 'दांव' में एक राजनेता निहित स्वार्थ के लिए चुनाव के अवसर पर नए से नया दांव खेलना जानता है। वोटर हर बार उसके 'दांव' का शिकार हो जाता है। हमारी राजनीतिक पार्टियां चुनाव के समय लुभावने घोषणापत्र जारी करती हैं। निःशुल्क बिजली के वायदे जो कभी पूरे नहीं होते। बेरोजगारों को नौकरियां ही नौकरियां...लेकिन वास्तव में छंटनी और जबरन पेंशन।

'अंधेरी सुरंग का मुहाना' में बलात्कार की अनंत टीस है। बलात्कारी के विरुद्ध मुकदमा जीतकर भी पीड़िता का परिवार अपने आपको समाज में अपमानित महसूस करता हुआ शहर छोड़ने पर मजबूर है। वहां रहते कौन करेगा उनके लड़के लड़कियों से रिश्ता !

'उद्घाटन' में एक साथ बनती-बिगड़ती दो तस्वीरें पाठक को झकझोरती हैं। एक ओर निर्धन बाप की कारुणिक स्थिति है और दूसरी ओर राजनीति के जाल में उलझा जनहित। मानवीय संवेदना और राजनीतिक कुचक्र के सामीप्य स्थापन से कहानी में वैयक्तिक सामाजिक और राजनीतिक आयामों की बहुअर्थी त्रासदी है, एक घनीभूत पीड़ा है। संक्षेप में देखते हैं कहानी -

पचास करोड़ की लागत से नर्मदा नदी पर बना पुल दो महीने से उद्घाटन की इंतजार में है। मुख्यमंत्री के बिना कौन करे उसका उद्घाटन। लेकिन उनके पास समय कहां।

'वे तो खुद अपना फीता जोड़ने गए हुए हैं दिल्ली। पुल का फीता काटने की फुर्सत नहीं है उनके पास।'

पुल खुल जाने से डेढ़-दो सौ किलोमीटर का फेरा बच जाता है। छाबड़ी वाला गरीब गुसांई पुल के पास खड़ा सोच रहा है - अगर पुल बेटी की शादी से पहले-पहले खुल जाए तो वर पक्ष द्वारा मांगे मोटर भाड़ा में तेरह सौ की बजाए सात-आठ सौ रुपये ही देने पड़ेंगे। बची राशि से कई काम निपट जाएंगे, 'बिटिया की पायल बन जाएगी।'

...अचानक लोग देखते हैं कि वरोधी दल के नेता छबीलदास की कार पुल की तरफ मुड़ी। दो ट्रकों में उसका लाव लश्कर साथ आया था जिसने कोलतार के ड्रमों को इधर उधर लुढ़का दिया। अपने साथ लाए फीता-कैंची से छबीलदास ने पुल खोलने की रस्म आनन-फानन पूरी कर दी। फोटो खिंच गए। लोगों ने जय जयकार

कर दी। ड्यूटी पर खड़ा सिपाही हक्का बक्का देखता रह गया। पुल की चिकनी चपाट सड़क पर वाहन फिसलने लगे, आवाजाही शुरू हो गई। गुसाईं 'नर्मदा मैया की जय' बोलते हुए मन ही मन मोटर भाड़ा की बचत का हिसाब जोड़ने लगा।

विरोधी दल के नेता द्वारा पुल के 'उद्घाटन' की खबर सुर्खियों में छपी तो सरकार हरकत में आई। सिपाही को निलंबित कर दिया गया। 'प्रवेश निषिद्ध' की तख्ती पुल के मुहाने पर फिर लटक गई, 'तारकोल के ड्रमों की कतार फिर सजग प्रहरी की तरह खड़ी हो गई।' गुसांई अगले दिन छाबड़ी सिर पर उठाए वहां से गुज़रा तो यह परिदृश्य देखकर ठगा सा रह गया। 'उसने ठंडी उसांस ली। सूने सर्राट पुल के गार्डर पर चार छह कव्वों की 'कांव कांव' उसके मन पर हथौड़ों की तरह पड़ रही थी।'

कहानी में तीन-चार पात्र हैं - अपनी-अपनी छोटी बड़ी भूमिका में सभी पात्र नायक से लगते हैं। छाबड़ी वाला गुसांई कहानी का संवेदना सूत्र है। उसकी मौजूदगी से कहानी में करुणा की धारा प्रवहमान है। विरोधी दल का नेता छबीलदास कहानी को क्लाइमेक्स पर ले जाने के कारण नायकत्व ग्रहण कर लेता है भले ही सरकार की नजरों में वह 'खलनायक' है। ढाबे का मालिक गणेसी भी करुणा की मूर्ति है। पुल खुले तो बेचारे का काम चले। गुसांई, पुल की ड्यूटी पर तैनात सिपाही, सरदार ट्रक ड्राइवर और एक युवक ढाबे पर चाय पीते बतिया रहे हैं। उनकी सीधी-सरल भाषा में व्यंग्य का मिर्च भरा छौंक इतना तीखा कि लुकमा गले में अटक जाए, नाक से पानी बह निकले। उसमें एक साथ हास्य-पीड़ा-ग्लानि-घृणा भरे भावों का सहज उफान है।

चमोला के दो कहानी संग्रह 'जमीन से कटकर' तथा 'शिकारगाह' को हरियाणा साहित्य अकादमी द्वारा प्रथम पुरस्कार प्रदान किया गया। अनेक कहानी संकलनों में उसकी कहानिया संगृहीत हैं जिनमें कमलेश्वर, चित्रा मुद्गल, डा0 पुष्पपाल सिंह, राजेंद्र गौतम, डा0 राकेश गुप्त, देश निर्मोही, डा0 रोहिणी द्वारा संपादित कहानी संग्रह उल्लेख्य हैं।

कमला चमोला ने लघुकथायें भी लिखी हैं जो राष्ट्रीय स्तर की पत्रिकाओं में प्रकाशित हुईं।

गत तीस वर्षों से लघुकथा एक लोकप्रिय कथाविधा के रूप में चर्चा के केन्द्र में है। पत्र-पत्रिकाओं के लघुकथा विशेषांकों तथा लघुकथा संग्रहों-संकलनों ने समीक्षकों का ध्यान आकृष्ट किया है। लघुकथा विधा है या उपविधा या कहानी का लघु रूप इस विषय में चली लंबी बहस अभी शांत नहीं हुई है। बहस लघुकथा लेखकों के दरम्यान है, आचार्यों या समीक्षकों में नहीं। कहा जाता है कि लघुकथा को अभी कोई समीक्षक नहीं मिला है। फलस्वरूप लघुकथा लेखक ही समीक्षक की भूमिका अदा करता है। इस सूरत में लघुकथा के स्वरूप और विकास का निष्पक्ष

आकलन संभव नहीं। लेखक से समीक्षक बना लघुकथाकार लघुकथा की श्रेष्ठता सिद्ध करने के लिए उसकी विधागत वकालत करते हुए कभी इसका रिश्ता ऋग्वेद के यम-यमी संवाद से जोड़ता है तो कभी जातक या पंचतंत्र की कथाओं से। या फिर यह कि प्रेमचंद, जयशंकर प्रसाद, विष्णु प्रभाकर, हरिशंकर परसाई आदि प्रख्यात लेखकों की कुछ रचनाओं में लघुकथा के बीज तलाशता, लघुकथा को कुछ बड़े नामों की बैसाखियां थमा देता है।

कमला चमोला इस बहस से दूर रही हैं। लघुकथा पर बहस-मुबाहिसों के दौर में शंकर पुणतांबेकर ने कहा था कि आज जरूरत इस बात की है कि हम लघुकथा पर लिखने की बजाए लघुकथा(को) लिखें। कमला चमोला ने यही किया। वे कहानीकार या बाल साहित्य रचयिता के रूप में जानी जाती हैं। कहानी और लघुकथा दोनों उन्हें समान सृजन-सुख प्रदान करती हैं। दोनों से उन्हें रचनात्मक संतुष्टि हासिल होती है। वे कहती हैं कि मूलतः मैं कहानीकार हूं, कई लघुकथायें भी लिखी हैं। बिना अनावश्यक विस्तार के सीधे मर्म में उतर जाना लघुकथा की विशेषता है। मेरे साथ कई बार ऐसा हुआ है कि कहानी लिखने का विचार आया पर फिर उसे लघुकथा का रूप दे दिया। शायद हर कथाकार कहीं न कहीं लघुकथाकार भी होता है और हर लघुकथाकार कहानीकार। लंबे लेखन के मध्य में लघुकथा का लिखना मेरे लिए एक सुखद विराम और पूर्णता के क्षण होते हैं। जरा से परिश्रम में परिपूर्णता का अहसास लघुकथा द्वारा ही संभव है। मेरे लेखन की ये समानांतर विधा में हैं।

वे मानती हैं कि तकनीकी दृष्टि से कहानी और लघुकथाएँ चाहे जो समानताएं, भिन्नताएं हों पर मेरे लिए ये एक ही मनस्थिति की उपज हैं। कई बार जो मन में उबलता खौलता रहता है उसका रेचन लघुकथा के माध्यम से ज्यादा अच्छी तरह होता है। उसका प्रभाव भी कहानी की तुलना में ज्यादा मारक व असरदार होता है। मेरे लेखन में लघुकथा एक नखलिस्तान की तरह हैं...। लघुकथा का छोटा कलेवर मानसिक संतुष्टि के साथ-साथ मेरे अंदर की भावनाओं की क्रियात्मक अभिव्यक्ति है। यह अपने आप में एक संपूर्ण विधा है। मैं जब भी पूरी संपूर्णता व तन्मयता के साथ लघुकथा लिखने बैठती हूं, मेरे लिए यह तुरंत फलदायी और शांतिप्रद लम्हा होता है –

निर्माण प्रक्रिया, सहयात्री, भय उनकी चर्चित लघुकथायें हैं। 'निर्माण प्रक्रिया' में हमारे घरों में मां द्वारा लड़का-लड़की में भेद की मानसिकता का विद्रूप है। 'सहयात्री' में साम्प्रदायिक सोच के संस्कार मानवीय संबंधों की मिठास में कड़वाहट पैदा कर जाते हैं

एक महानगरीय बस में दो यात्री कई महीनों से साथ-साथ यात्रा करते हुए एक-दूसरे के सुख-दुख के साथी हो जाते हैं। कभी एक ने देखा कि दूसरे के पांव में पट्टी बंधी है तो उठकर उसको सीट दे दी। इसी तरह एक दिन दूसरे को जुकाम

था तो टूटी खिड़की से आती ठंडी हवा से बचाव के लिए पहले ने अपना मफलर जबरन उसे लपेटने को दे दिया। सद्भाव और स्नेह का रिश्ता दोनों में कायम हो गया था। संपर्क बढ़ा तो एक दूसरे का परिचय जानने की इच्छा हुई। एक-दूसरे का नाम पूछा। नाम सुनते ही वे कुछ असामान्य हो उठे। नामों से स्पष्ट हो गया था कि वे भिन्न धर्मों के हैं।

आलोचकों द्वारा 'भय' लघुकथा को काफी सराहा गया। कथा का सार-संक्षेप यूं है-

घने जंगल में भटक गई थी वे तीनों। जंगल में रात भी जल्दी उतर आती है। न जाने कौन सी गुमनाम पगडंडी पर मुड़ीं कि रास्ता भटक गईं। अब रात जंगल में गुजारने के अलावा कोई चारा भी नहीं था। अजीब सी आवाजें सुनाई देने लगीं - लकड़बग्घा, जंगली सूअर, भालू, शायद शेर की भी...। चरर-चरर सूखे पत्तों पर जैसे किसी के चलने की चरमराहट नज़दीक आ रही थी। तीनों का खून सर्द...पहली ने दूसरी की मुट्ठी कसकर पकड़ ली, दूसरी ने हंसिया संभाल लिया और तीसरे ने फैले पांवों को घोंघे सा छाती में सिकोड़ लिया। भयाक्रांत नजर से वे अंधेरे को घूर रही थीं। ग्यारस की नीम अंधेरी चांदनी में एक कद्दावर काला भालू बांस के झुरमुट के पास बांस की कोमल कोंपलें तोड़ कर मुंह में डाल रहा था।

'ओह!' पहली ने राहत की सांस भर दूसरी का पसीजा हाथ छोड़ा - 'मैंने तो सोचा आदमी होंगे।'

कम रचनाकार हैं जिन्होंने एकाधिक विधाओं में सफलतापूर्वक कलम चलाई है और जिनके 'झूठ' को कमला चमोला के 'सच' की तरह सहज स्वीकारा ही नहीं गया, प्यार और आदर भी मिला।

समारोहों की चमक और आयोजकों के विज्ञापन से दूर रहने पर भी उनकी साहित्यिक उपलब्धियों से प्रभावित अनेक साहित्यिक, सांस्कृतिक, सामाजिक संस्थाओं ने उन्हें पुरस्कृत एवं सम्मानित किया है। संकोचशील होते हुए भी साहित्यकारों से मिलना एवं स्तरीय साहित्यिक कार्यक्रमों में सहभागिता को वे लेखन के लिए उत्प्रेरक मानती हैं। चंडीगढ़ में आयोजित एक कहानी कार्यशाला में डा0 नामवर सिंह, डा0 मैनेजर पांडेय, भीष्म साहनी, राजी सेठ की उपस्थिति में कहानी पढ़ने का रोमांच वह भूल नहीं पाई।

अपनी रचना प्रक्रिया का जिक्र करते हुए चमोला कहती है : लेखन अपने आप में एक यात्रा है - उतार चढ़ाव, फिसलन, प्रलोभन, आक्रोश, आक्रमण, इन सब पड़ावों से होते हुए जब मंजिल तक पहुंचती है तब वो कहानी बन जाती है।

बचपन से संवेदनशील होने के कारण छोटी छोटी घटना-दुर्घटना अवचेतन में जा उतरती है। कब वह कहानी बन जाएगी यह निश्चय नहीं हो पाता। कभी ताबड़ तोड़ लिखना निरंतर कई दिन तक, तो कभी हफ़्तों-महीनों, बरसों का भी अंतराल।

वे कहती हैं कि रचनाकर्म मेरी खुराक है, इसके बिना जीवन अधूरा और अशक्त लगता है। लेखन ही है जो व्यक्तित्व को पूर्णता देता है।

हर व्यक्ति का अपना अपना दायरा होता है। और तदनुरूप ही होता है उसका सृजन। कमला चमोला इसका प्रतिवाद नहीं है।

आंखों देखी घटना, समाचार, अखबार में छपी खबर, घर के लोग, समाज, शत्रु, मित्र...कोई भी प्रेरणास्रोत हो सकता है। 'उद्घाटन' जैसी सशक्त कहानी अखबार की एक छोटी सी खबर से उपजी – 'कई महीनों से अमुक पुल का उद्घाटन न होने के कारण बीसियों गांवों के लोग परेशान हैं। मुख्यमंत्री अपने ही दल में विरोध के कारण अपनी गद्दी बचाने में लगे हैं, प्रशासन निष्क्रिय हो गया है।'

देश की समस्याओं से उत्पन्न आक्रोश कहानी में उतर जाए तो मन हल्का हो जाता है। राजनीति सभी नियमों, मान्यताओं, नैतिक संरचनाओं को पतन के गर्त में ले जा रही है। कई कहानियां इसी व्यथा की पृष्ठभूमि में लिखी गई हैं।

कमला चमोला की कलम कहानी लेखन तथा बाल लेखन दोनों में समान रूप से प्रवाहमयी है। उसके बाल लेखन में कल्पना के पंखों की रूमानी उड़ान या उपदेशपरक सुखद अंत भले ही हो, उसकी कहानी की दुनिया इस तरह की बनावट और बुनावट से दूर रहती है।

कुछ आलोचक कहते हैं कि चमोला अनाचार-अत्याचार-भ्रष्टाचार, शहरीकरण, अति भौतिकवाद जैसे विषयों को केंद्र में रखकर लिखती है जो अब घिसे पिटे हो गए हैं लेकिन वह इसे अस्वीकार करती हुई कहती है कि जब तक ये बुराइयां सिर उठाए हैं कोई भी संवेदनशील व्यक्ति बेचैन हुए बिना नहीं रह सकता। ऐसे आलोचक पर उसे तरस भी आता है जो बढ़ती बुराइयों के प्रति चिंतित होने की बजाए संवेदनहीन होकर उन्हें घिसी पिटी मान बैठा है। हकीकत यह है कि हर गंभीर लेखक की कलम इन बुराइयों के खिलाफ अधिक प्रखर हो रही है। होनी चाहिए।

पंजाबी

"जो ज़िन्दगी न हुंदी, मौत किसनूं आउंदी – यदि जीवन न होता तो मौत किसे आती। और 'जनम तां मिलदा सबनूं, जीवन आप कमाउणा' – जन्म तो सब को मिल जाता है किंतु 'जीवन' हमें स्वयं बनाना होता है।"

– करतार सिंह सुमेर

करतार सिंह सुमेर – दर्शन, काव्य और चित्रकला का तिराड़ा

करनाल रेलवे रोड पर राजकीय महिला कालिज से सटी गली में दायीं ओर मुड़ने पर एक दुमंजिला पुराना भवन 'कश्यप बिल्डिंग' जिसके आगे चौड़ी सी नाली को पार करने पर एक चबूतरा। उसी पर खुलता एक बड़ा कमरा। यहीं रहता था करतार सिंह सुमेर। कमरा अच्छा बड़ा था किंतु सुमेर का 'बड़ापन' कमरे की समेट में नहीं आता था। दीवारों पर सुमेर द्वारा बनाए छोटे-बड़े चित्र, करीने से रखी हर चीज – मेज, सोफा, दीवान, पुस्तकें, पत्र-पत्रिकाएं। अखबारी कतरनों, लेखों, छाया-चित्रों के कई एल्बम। कमरे की दीवारों से जहां-तहां प्लस्तर उतरा हुआ।

उस कमरे में कम से कम चार सुमेर एक-साथ रहते थे – कवि, दार्शनिक, चित्रकार और एक आम आदमी। इसलिए मुश्किल था सुमेर को पहचानना। लेकिन सुमेर की आत्मीयता और प्यार से लबालब मेजबानी के सहारे उसके नजदीक जाना सुविधापूर्ण हो जाता। बाहर-भीतर से देखने के रास्ते खुलते। उसकी आंखों में झांकते तो एक दार्शनिक की रहस्यमयता, कवि की कलात्मकता और इन्सानी मोह छलक-छलक जाता। लेकिन अचानक यह भी लगता कि आप उससे बातें कर रहे हैं और वह कहीं और खोया हुआ है। उस वक्त वह सचमुच एक दार्शनिक की प्रतिमूर्ति में बदल जाता। कई बार उसकी शालीनता ओढ़ी हुई लगती। डर रहता कि न जाने कब रेशमी वस्त्र की तरह फिसल जाए। डर का यह भाव उसके प्रति आदर के कारण उपजता। आदर के पीछे, जाहिर है, उसके साहित्य और चिंतन की ऊंचाई थी। उस भव्य ऊंचाई ने उसके गिर्द एक-साथ अपनापन, आस्था, मासूमियत और स्नेह का एक अदृश्य चुम्बकीय दायरा बना रखा था। प्रमुख पंजाबी साहित्यकार हरभजन सिंह कोमल ने सुमेर के 'जीवन तथा रचना' पर लिखी पुस्तक में सुमेर की सुसंगति में बिताए आरंभिक दिनों का जिक्र किया है जब वह उस स्कूल का विद्यार्थी था जहां उन दिनों करतार सिंह सुमेर ड्राइंग मास्टर के रूप में कार्यरत थे। कोमल ने लिखा - 'मैं साहित्य के पर्वत के पास रहते हुए भी कितने ही बरस मानो मरुस्थल में बैठा रहा। जैसे मुझे पता ही न हो कि यह सामने जो विशाल आकार है, हरा भरा पर्वत, यह सुमेर है।... सुमेर की शक्ल जब आंखों के सामने आती है तो लगता है

मौत या ज़िंदगी : चित्रकार-सुमेर

जैसे सादगी का कोई बिंब साकार हो गया हो। यह सादगी तत्कालीन समाज का चलन भी था और उसके मित्र-घेरे का रहन-सहन भी - बावा बलवंत, केसर सिंह, सुजान सिंह तथा हरिभजन सिंह का सादा जीवन जग-जाहिर है।'

सादगी, श्रम और संघर्ष के मूल्यों ने सुमेर को आम आदमी से असाधारण प्रतिभा का धनी बनने के रास्ते हमवार किए। बरसों बाद जब पंजाबी साहित्य सभा में कोमल और सुमेर की भेंट हुई तो वे एक दूसरे के करीब आए, पारिवारिक मित्र बन गए और यह पारिवारिक मेलजोल आखिर तक बना रहा। कोमल ने सुमेर की सादगी और सलीके का चित्रण किया है- 'सुमेर का सारा जीवन कमीज-पाजामे में गुजरा। यदि आप किसी व्यक्ति को सफेद, घोटवीं, छोटी सी गोल पगड़ी, सफेद कमीज, सफेद या फीके से रंग के अमृतसरी पाजामे, खाकी थैले और काली बड़ी छतरी थामे तेज कदमों जाते देखते हैं तो समझ लो 'यह सुमेर है।' यही हाल परिवार के सदस्यों तथा घरेलू वातावरण का था। वह तड़क-भड़क जो जिंदगी से मैच न करती हो सुमेर को अच्छी नहीं लगती थी। कपड़े ऐसे हों जो पहननेवाले पर भारी न पड़ें, बल्कि उसकी भीतरी सुंदरता को प्रकट करें जिससे नौजवान और मुटियार यों लगें जैसे गुलाब का ताजा खिला फूल। स्वच्छता हो, सलीका हो - खाने का, पहनने का और घर की चीजों को तरतीब से रखने का। उसके घर में कभी कोई चीज बेठिकाना नहीं दिखी। चित्रकारों में मूलतः एक सूझ होती है। सौंदर्य शास्त्र की, एस्थेटिक्स की तथा इसे अपने घर में कैसे इस्तेमाल करना है, कलाकार से बेहतर कोई नहीं जानता।

चूंकि कोमल अब सुमेर से घुलमिल गया था, एक दिन पूछ बैठा - 'सुमेर साहिब ! आखिर कोई तो होगी जिसने तुम्हारी ज़िंदगी में इतने सुंदर रंग भरे हैं।'

सुमेर ने ठहाका लगाया और पास बैठी पत्नी हरिवंश की तरफ इशारा किया 'यही है, तुहाडी बीबी।'

'साडी तो बीबी है पर आपकी !'

'मेरी भी बीबी, रंग भरनेवाली !'

'आप टाल रहे हैं। विचली गल दस्सो सच-सच बताओ।'

'ये क्या बताएंगे। ले मैं तुझे बताती हूं इनकी करतूत।' यह श्रीमती सुमेर थी। कप में चाय डालते हुए कहना शुरू किया, 'औरत को देखते ही इनके तो पसीने छूट जाते थे। दुनिया क्या कहेगी। बस यही डर। एक बार मायके में एक शादी में जाना पड़ा- हमारी शादी के थोड़े दिन बाद की बात है। मेरी चचेरी बहिनें भी आई हुई थीं, पढ़ी-लिखी कुड़ियाँ। अनपढ़ माहौल से उकताई हुई थीं। पढ़ा-लिखा जीजा ही उनकी उम्मीद का केंद्र बना। उन्होंने जीजा को 'सत सिरी अकाल' बुलाई। किंतु जीजा को ठीक से जवाब देते भी नहीं बना। पसीना-पसीना हो गए। सालियों ने यह हाल देखा तो अचंभे में कहा- 'क्या हुआ जीजा जी!' और वे बेचारी जीजा की

कमजोरी भांप कर चली गईं।

पत्नी की मौजूदगी में सुमेर के प्रेम संबंधों की कितनी सच्चाई सामने आई, नहीं कहा जा सकता। विवाह पूर्व अथवा विवाहेतर प्रेम संबंध हमारे समाज में वर्जित फल हैं। इस संबंध की वास्तविकता तक पहुंचना कहां तक उचित है, संभव है ? संबंधित व्यक्ति द्वारा इसकी अभिव्यक्ति अथवा किसी अंतरंग व्यक्ति द्वारा इसकी खोज अंधे कुएँ में झांकना है जहां पारदर्शी निर्मल जल के बिना सब कुछ है। अब जबकि सुमेर हमारे बीच नहीं इस विषय में कुछ भी कहना न उचित है, न वांछनीय। पश्चिम में जिस तरह इस विषय की खोज की जाती है वैसी प्रवृत्ति हमारे देश में नहीं है। वैसे सुमेर के विषय में विवाहेतर संबंधों की बात दूर की कौड़ी हांकना होगा। 'मौत कि जिंदगी' में सुमेर ने अपने जिन पचासेक सुहृद व्यक्तियों का जिक्र किया है उनमें पत्नी हरिवंश का नाम अंत में यों रुक-रुक कर अंकित किया है मानो अपने छलकते प्यार को आकार देने का यत्न किया गया हो हरि... ह-रि-वं-श। गोया वह धीरे- धीरे अपने भावोद्रेक की तस्वीर बनाता हो, अपने आपको उस पर न्यौछावर करता हो। व्लादीमिर नाबोकोव के 'लोलिता' की आरंभिक पंक्तियों में नायक कुछ इसी तरह नायिका के प्यार में डूबा हुआ उसे याद करता है लो-लि-ता। कहा जा सकता है कि यह मात्र काव्यात्मक अभिव्यक्ति है। तो क्या काव्य का सच यथार्थ की सघनता के बिना संभव है !

13 अप्रैल 1910 को अमृतसर में सुंदर सिंह एवं रतन कौर के घर जिस बच्चे का जन्म हुआ उसे करतार सिंह नाम दिया गया जो कालांतर में सुमेर के नाम से विख्यात हुआ। करतार सिंह के पूर्वजों का पुश्तैनी गांव 'जलालपुर बावयाँ दा' था जिसे निकट बहती ब्यास नदी धीरे-धीरे निगल गई। फलस्वरूप परिवार ने अमृतसर के एक डेरे में शरण ली। करतार की माता अत्यंत भावुक एवं क्रोधी थी। संभवतः इसी स्वभाव के कारण एक त्रासद घटना हो गई। करतार का बड़ा भाई घुटने की लंबी बीमारी के कारण 20 वर्ष की आयु में चल बसा। माँ के लिए यह दुख असह्य था। वह अब करतार में अपनी सारी ममता उंडेलती। और एक दिन प्यार के भावावेग में उसने करतार को अपने पास बुलाया। करतार उस समय 5-6 वर्ष का रहा होगा। माँ ने उसे बाहों में लेकर ज्यों चूमना शुरू किया तो चूमती ही रही। अपने सीने से लगाकर उसे इतना प्यार किया जितना पहले कभी नहीं किया था। करतार को भी लगा कि आज माँ को क्या हो गया। लाड़-प्यार की इंतहा हो गई तो अचानक माँ ने करतार को अपने से अलग करते हुए कहा - जा, दौड़! खेलने चला जा!

थोड़ी देर में करतार वापिस आया तो जो कुछ उसने देखा उसकी चीख निकल गई। माँ ने छत से लटक कर आत्महत्या कर ली थी। इतने थोड़े अंतराल में देखा जीवन और मृत्यु का दृश्य उसके मन में बहुत गहरे उतर गया। मौत और ज़िंदगी ने उसके अवचेतन का बहुत बड़ा भाग घेर लिया। माँ रातों उसे सपने में दिखाई देती

उसके चेहरे को चूम-चूम कर घायल करती माँ, बाहों में कसकर भींचती माँ, छत पर लटकी माँ ! वह जोर से चिल्लाता और सपने की भयावहता से उसका शरीर पसीने से भीग जाता। जागते-सोते प्यार और मौत के सपने एक-साथ। फ्रायड ने कहा है- सपने हमारे अवचेतन तक पहुँचने का राजमार्ग हैं।

यूं मौत और ज़िंदगी की व्याख्या उसके जीवन का लक्ष्य बन गया। व्याख्या के लिए उसने जो औजार चुने वे अत्यंत सूक्ष्म थेः फूल से हल्के, सागर से गहरे, कुदरत के रंगों से चमकते – वह एक-साथ कवि, चिंतक और चित्रकार बन गया।

मैट्रिक के बाद सुमेर ने म्यो स्कूल आफ आर्ट्स लाहौर से दो साल का कोर्स पास करके डिप्लोमा प्राप्त किया। ननकाना, खरड़ और दसूहा में आर्ट और ड्राईग टीचर के रूप में कार्य किया। 1953 में करनाल में खालसा हाई स्कूल खुला तो सुमेर को वहाँ नियुक्ति मिल गई। फिर तो वह करनाल का होकर ही रह गया।

अमृतसर में रहते हुए सुमेर के मित्रों का घेरा छोटा होते हुए भी महत्वपूर्ण था। एस.एस. अमोल के ज्ञानी कॉलेज ने इन्हें इकट्ठा कर दिया सुमेर, ईश्वर चित्रकार, बावा बलवंत और सुजान सिंह। चारों का स्वभाव एक-जैसा। चारों कला तथा साहित्य की विभिन्न विधाओं के सर्जक। ईश्वर कवि तथा चित्रकार था, बावा बलवंत कवि और सुजान सिंह कहानीकार। इन चारों के साथ पाल सिंह भी जुड़ गया जो लेखक या चित्रकार तो नहीं, ज्ञानी कालिज में साहित्य का अध्यापक था। सुजान सिंह उस समय 'ज्ञानी' का विद्यार्थी था। चारों मित्र पाल सिंह को अपना गुरु और पथ-प्रदर्शक मानते थे। एस.एस. अमोल ने इन पाँचों को पंजाबी के 'पांच साहित्यिक पांडव' का नाम दिया। सोच की दृष्टि से ये 'पांडव' प्रगतिवाद से प्रभावित थे।

सुमेर का साहित्यिक दायरा दिनों दिन बढ़ता रहा। उसमें प्रो0 मोहन सिंह, डा0 हरिभजन सिंह, प्रीतम सिंह सफीर, डा0 महेंद्र सिंह रंधावा, डा0 अतर सिंह, कुलबीर सिंह कांग, केसर सिंह आदि पंजाबी के प्रसिद्ध लेखक शामिल होते गए। उसके घर पर साहित्यिक बैठकों का सिलसिला शुरू हो गया। कश्यप बिल्डिंग का कमरा नए-पुराने लेखकों का मिलन स्थल बन गया। खैरियत गुजरी कि सुमेर की धर्मपत्नी हरिवंश तथा बेटी सुनिंद्रा भी साहित्यिक रंग में ढल गई अन्यथा सुमेर के निवास से उठती साहित्य की शीतल बयार आंधी की किरकिर में बदल जाती। सुनिंद्रा आज एक अच्छी कवयित्री एवं चित्रकार है, उसके पति आत्मजीत हंसपाल पंजाबी के सम्मानित लेखक हैं।

सुमेर से तीन-चार बार मिलना हुआ। अंतिम बार उनके निवास पर 1986-87 में। उस भेंट पर सुमेर का अपनापन और उसकी कला इस कदर छाये रहे कि पहली फुर्सत में सुमेर पर एक लेख लिखा। हालांकि उस भेंट के निघ से उऋण होने का यह एक छोटा-सा प्रयास था।

सोलह साल बाद करनाल जाना हुआ तो 'कश्यप बिल्डिंग' के पास से गुजरते

हुए सुमेर की यादों ने घेर लिया। कश्यप बिल्डिंग का पुराना भवन अधिक पुराना हो गया था। सड़क पर खुलने वाला बड़ा कमरा बंद था जिसमें सुमेर से भेंट हुई थी। रिक्शा से उतर कर दरवाजे के पास गया। किवाड़ों का रंग फीका पड़ गया था, जगह-जगह रोगन की पपड़ियां उठी हुई थी। कमरा भीतर से बंद था। दस्तक के लिए उठा हाथ ठिठक कर रुक गया। वहाँ अब कौन होगा। सुमेर 1992 में सदा के लिए विदा हो गया था। ज़िंदगी भर 'मौत' की व्याख्या करनेवाला मौत की हकीकत बन गया ! और ज़िंदगी की धरोहर !

सुमेर की प्रथम काव्यकृति त्रिवेणी 1941 में प्रकाश में आई। यह तीन कवियों का संयुक्त काव्य संग्रह था - ईश्वर चित्रकार, सुजान सिंह और सुमेर। इसके बाद सुमेर एक लंबी चुप्पी साध गया। 34 वर्ष बाद उसकी दूसरी पुस्तक 'दरवाज़ा' काव्य संग्रह 1975 में प्रकाशित हुआ जिसमें सुमेर द्वारा बनाए चित्र भी थे। सुमेर के लिए 34 वर्षीय अंतराल प्रकाशन का था, लेखन का नहीं। इस अर्से में उसने बहुत कुछ लिखा। दरवाजा के बाद 1976 में 'मौत कि जिंदगी' (निबंध एवं चित्र), 1984 में 'मालकौंस'(गीत संग्रह), स्वर्गां दे अंगूर (ललित निबंध), 1988 में 'टुट्टण दी आवाज़' (कविता एवं चित्र), 1989 में बैठो ते जाणिए (कविता-चित्र), बाकी बचिया आदमी (कविता-चित्र)।

वास्तव में 'दरवाज़ा' ही सुमेर की पहली कृति थी जिसने सुमेर के लिए सृजन और प्रकाशन के द्वार खोल दिए। स्वयं सुमेर 'त्रिवेणी' की कविताओं से संतुष्ट नहीं था। 'दरवाजा' पर सुमेर को भाषा विभाग हरियाणा ने 1976 में अखिल भारतीय भाई संतोख सिंह पुरस्कार प्रदान किया। आलोचकों ने 'दरवाजा' को सुमेर की उत्कृष्ट काव्य कला और बेजोड़ चित्रों का संगम कहा। पंजाबी कविता में इस प्रकार की यह पहली कृति थी जिसमें कवि ने अपनी कविताओं को चित्रों से अलंकृत किया, भावाभिव्यक्ति दी। पचास के दशक में हिंदी कवयित्री महादेवी वर्मा की कृति 'दीपशिखा' में हर कविता के साथ कवयित्री द्वारा निर्मित चित्र भी थे। इसे हिंदी साहित्य की अनुपम भेंट कहा गया। किंतु बाद में इस तरह का प्रयास देखने में नहीं आया।

सुमेर ने 'दरवाज़ा' के बाद भी अपनी पुस्तकों में चित्रों का प्रकाशन जारी रखा। सुमेर का लेखक और चित्रकार एक दूसरे का पूरक हो गए।

हरियाणा साहित्य अकादमी द्वारा सुमेर की पुस्तक 'स्वर्गां दे अंगूर' को प्रथम पुरस्कार प्रदान किया गया। पंजाब, दिल्ली, उत्तर प्रदेश, मध्य प्रदेश, आदि राज्यों ने भी उन्हें पुरस्कृत एवं सम्मानित किया।

1976 में प्रकाशित 'मौत कि जिंदगी' गद्य रचना है जिसमें बारह निबंध हैं और उन्हीं से संबंधित बारह चित्र। यह भी कहा जा सकता है कि उसमें बारह चित्र हैं और उनकी व्याख्या में लिखे गए बारह निबंध।

बाज़ : चित्रकार-सुमेर

'मौत या ज़िंदगी' सुमेर की क्लासिक कृति है जिसमें एक दर्शन ग्रंथ की अंतर्धारा है। डा0 एम.एस. रंधावा को इसकी भूमिका लिखने के लिए कहा गया तो उन्होंने इसे गंभीरता से नहीं लिया लेकिन ज्यों ही पुस्तक की पांडुलिपि पढ़ी और चित्रों पर गौर किया तो वे न केवल भूमिका लिखने के लिए सहमत हुए अपितु उन्हें सुमेर के लेखन एवं चित्रकला की भरपूर प्रशंसा करनी पड़ी।

'मौत या ज़िंदगी' में सुमेर ने अपने जीवन के 25 वर्षों का अनुभव संजोया है। निबंधों के विषय हैं- मृत्यु, जीवन, सौंदर्य, प्रेम, मूल्य और अर्थ, समालोचना, भावी मानव आदि। लेखक के अनुसार 'जे जिंदगी न हुंदी, मौत किस नूं आवदीं' अर्थात यदि जीवन न होता तो मौत किसे आती। और 'जनम तां मिलदा सब नूं, जीवन आप कमाउणा' यानी जन्म तो सबको मिल जाता है किंतु 'जीवन' हमें स्वयं बनाना होता है। एक समीक्षक के अनुसार 'जितनी जान पहचान सुमेर को मृत्यु और जीवन के विषय में है इतनी शायद ही किसी लेखक को हो।'

'मौत या ज़िंदगी' के विषयों को सुमेर ने फ़लसफ़ाना और साहित्यिक ढंग से समझाने का यत्न किया है। जबकि पहली तरह के विश्लेषण में गहनता है, दूसरी तरह की व्याख्या में कहानी की सरलता और बोधगम्यता। 'मूल्य और अर्थ' निबंध की शुरुआत यूं है :

"ज़िंदगी माँ के रूप में प्रकट हुई। उसके एक हाथ में 'मिट्टी' और दूसरे में 'सोना' था, दोनों हाथ अपने बच्चों की तरफ बढ़ाए। सबने चमकता सोना लेना चाहा, झगड़ पड़े। किंतु एक बच्चे ने मिट्टी को अपनाया। इसी मिट्टी से फिर मूल्य और जरूरतें पैदा हुईं। इसके विपरीत सोने से मुफ्तखोरी और अनावश्यकता। मिट्टी में सोने से अधिक कीमती वस्तुएं पैदा हुई, सारी धरती का श्रृंगार हो गया। सोने में से कुछ न निकला।

इस प्रकार सुमेर ने ज़िंदगी को श्रम का पर्याय माना। श्रम ने मनुष्य की जरूरतें पूरी कीं। श्रम के मूल्य से ही धरती का, जिंदगी का श्रृंगार हुआ

दूसरे दिन ज़िंदगी-माँ के हाथ में एक पुस्तक थी जिसके पृष्ठ कोरे थे। ऊपर लिखा था - अर्थ खोजो, मुझे पाओ। सोना लेने वालों को उबासियां आ रही थीं, मिट्टी वाला ज़रूरतमंद था और जागरूक। अतः पुस्तक उसे सौंप दी गई।"

इसी निबंध में सुमेर ने रूह अर्थात् आत्मा को व्याख्यायित किया

"आत्मा और प्राण में क्या अन्तर है ?

"जो धरती और आकाश में !... प्राण कुदरत या माँ से मिलते हैं, इनमें अच्छाई-बुराई की कोई चेतना नहीं, इनके अर्थ शरीर के अर्थों से भिन्न नहीं, ये शरीर के करोड़ों 'सैलों' का समूह हैं, मनुष्य और पशु-पक्षियों में इनकी किस्म एक ही है, शरीर में इनका अस्तित्व शरीर के साथ ही समाप्त हो जाता है।...इसके विपरीत आत्मा को मनुष्य स्वयं, अपने पैतृक संस्कारों तथा परिवेश के प्रभावों की बुनियाद

पर जन्म देता है, इसलिए इसमें अच्छे-बुरे की चेतना होती है, आत्मा है ही ज़िंदगी के अच्छे-बुरे अर्थों का समूह, इसकी किस्में अनेक! मनुष्य की यह उपर्युक्त आत्मा उसके शरीर के साथ कभी नहीं मरती, इसके अर्थ जितने मूल्यवान और जीवंत उतनी लम्बी उसकी आयु। निकम्मे-बुरे अर्थों की आत्मा भी ज़िंदा रहती है अपने आपमें फटकार बन कर...।''

गीता में जिस आत्मा को 'न हन्यते हन्यमाने शरीरे(2.20)' कहा गया है सुमेर उसे शरीर का एक अंश मानता है जो शरीर के साथ समाप्त हो जाता है। आत्मा के संबंध में सुमेर की धारणा गीता की तुलना में अधिक तर्कसंगत है। शरीर के अंत के बाद जो बच रहता है वह है व्यक्ति का अच्छा या बुरा कर्म। कर्म का पुनर्जन्म कहां वह तो समाज में व्याप्त हो जाता है। सुमेर का चिंतन बृहस्पति के पदचिह्नों पर है जिसने भारतीय दर्शन में सर्वप्रथम यह विचार प्रतिपादित किया था कि आत्मा का अस्तित्व शरीर से भिन्न नहीं है।

कहानी की शैली में ही 'सुन्दरता' की विवेचना भी उल्लेख्य हैः

''एक योगी ने दुहाई मचाई- लोगो ! मुझे सुन्दरता के दर्शन हुए ! निरा नूर!! कोई आकार नहीं !!! एक सागर जिसका कोई साहिल नहीं !!!!

''उसकी कुटिया में एक दीया जलता था, अनेक पतंग उसकी लौ पर मर मिटते थे और जंगली चारिंदों-परिंदों के अलावा किसी ने उसकी दुहाई नहीं सुनी।

''दिन, महीने और बरस बीते, योगी का चिंतन बढ़ता-फैलता गया। उसने सोचा—दर्शन हुए किंतु नतीजा कुछ नहीं निकला। सागर का किनारा तो जरूर होगा... सुंदरता यदि साकार नहीं, बाहर नहीं, अंदर नहीं, मैं नहीं, मेरे जैसे अन्य तथा मेरा परिवेश नहीं तो व्यर्थ है। योगी जंगल में उदास हो गया। अपनी जन्म भूमि की तरफ मुड़ा, उसने देखा - वहाँ के बच्चों, स्त्रियों, पुरुषों तथा मिट्टी ने नया जन्म धारण कर लिया है, सब कुछ सुंदर और दैदीप्यमान, कई जगह दुख-दरिद्रता, कीचड़ भी दिखाई दिया पर इनके प्रति उसके मन में पहले जैसी घृणा बिल्कुल नहीं थी। धरती की यह असंख्य श्रमशील दुनिया, ये सुंदर लोग, ये कलाकार और वैज्ञानिक सुंदरता के आशिक योगियों के पुनर्जन्म ही तो थे।''

तो सुंदरता कहीं बाहर नहीं अपने भीतर है। इसीलिए सुमेर ने कहा कि 'सुंदरता का बाह्य पक्ष अपने आंतरिक पक्ष के बिना संपूर्ण नहीं होता। बाह्य पक्ष निजी होता है, भीतरी पक्ष सामाजिक, बाह्य में तबदीली की संभावना थोड़ी होती है, भीतरी को जैसे चाहो बदलो और विस्तार दे दो। बाहरी पोचापाची का भीतरी पर असर हो न हो, पर भीतरी का बाह्य के ऊपर फोरी असर होता है- विचार और हावभाव चेहरे पर बदलाव के लक्षण प्रकट कर देते हैं।' यह भी कि 'कोई अपने आपमें सुंदर है तो किसी को क्या ?... यह धरती 'ज़िंदगी' का स्थान है, यहाँ एक छोटा-सा जड़ दीया भी अपने लिए नहीं जलता, इसकी हस्ती अपने चौगिर्दे के प्रति उत्तरदायी है।'

सुमेर ने माँ की मौत को बहुत छोटी उम्र में देखा था। माँ की मौत के अलावा सुमेर ने स्वयं चार बार मौत का पूरा-अधूरा स्वाद चखा था। किंतु वह उन चारों दुर्घटनाओं से उबर आया था। इसलिए मौत का डर अब उसके लिए बेमानी था। उसने मौत की सच्चाई को स्वीकारा किंतु उसे लगा कि जीवन की सच्चाई उससे भी बड़ी है। उसने कहा - ' मौत हमारे हाथ में नहीं, ज़िंदगी तो है। फिर ज़िंदगी के बिना मौत का क्या अर्थ ? मृत्यु पर मृत्यु की खातिर विचार करना व्यर्थ है। किसी चलते-चलते शारीरिक यंत्र का अचानक बंद हो जाना, कुछ भी हो, ज़िंदगी का धर्म है, मौत का नहीं।

'एक उम्र रसीदा व्यक्ति अपनी बीती जिंदगी को याद करते हुए कह रहा था–यह जीवन क्या है, निरा सपना। मेरे पास लाखों आए, सब खाक हो गए। बड़-बड़े स्थानों में घूमा-फिरा, सुख भी देखे दुख भी, बड़ी चोटें खाईं। पर सब सपना। कितना झूठ कह रहा था यह आदमी ! संपत्ति आई किंतु क्या वह अपने आप चली गई। क्या उसने उसे भोगा नहीं। जो कुछ उसके साथ बीता, क्या उससे उसका जीवन पला-बढ़ा नहीं। फिर क्या उसके जीवन का प्रभाव संबंधित समाज और परिवार पर नहीं पड़ा। विज्ञान के अनुसार इस सृष्टि में कुछ भी नष्ट नहीं होता केवल उसका स्थान और रूप बदल जाता है।... यदि मनुष्य द्वारा भोगा हुआ जीवन सब सपना ही होता तो क्या धरती पर मनुष्य का जीवन इस तरह का होता जैसा आज है ?'(मौत या ज़िंदगी)। सुमेर ने माना कि ज़िंदगी को झूठ या सपना कहनेवाला जीते जी मरा हुआ है और जो ज़िंदगी के सुंदर यथार्थ को सदीवी बनाने का यत्न करता है वह मरने पर भी अमर है।

मानवता और जिंदगी के प्रति सुमेर का यह दृष्टिकोण ही उसका जमाल और कमाल था। अचरज नहीं कि उसकी आँखों में एक-साथ बच्चे की मासूमियत और दार्शनिक की गहराई दिखाई देती थी ! नहीं मालूम उसने कभी अपनी तस्वीर बनाई या नहीं। अपने चेहरे का जलाल देखा या नहीं। कैसे देख पाता ? वह तो हजारों-लाखों लोगों के चेहरों में अपने विचार-दर्शन के रंग भर रहा था, उन्हें ज़िंदगी और मौत के भेद बता रहा था, उन्हें मुक्त कर रहा था जो सदियों से झूठ, वहम और भाग्य के सींखचो में बन्द थे। ...उसे अपनी तस्वीर बनाने की फुर्सत कहाँ थी!

'मौत या ज़िंदगी' के निबंधों के विषय में डा0 अतर सिंह ने कहा - सुमेर ने अपने चित्रों की तरह अपने लेखों में जीवन के दोनों पक्षों को बराबर स्थान दिया है और उनकी कशमकश से जिंदगी को एक निश्चित मार्ग पर आगे बढ़ते दिखाया गया है। यह मार्ग विकास का है और मंज़िल है सौंदर्य, विकास मनुष्य की जन्मजात शक्तियों का, विकास मनुष्य की प्रकृति पर विजय का, विकास मनुष्य के आत्मचिंतन का। इसी तरह सुंदरता है कला की भी, मानवीय व्यवहार की भी, प्रकृति से मनुष्य के संघर्ष की भी, इतिहास की उपलब्धियों की भी, सत्य की खोज की भी।'

सुन्दरता सुमेर के लेखन की मंज़िल ही नहीं, प्रेरणा भी है लेकिन जब उसे सुन्दरता की परिभाषा करने के लिए कहा जाता है तो वह दार्शनिक हो जाता है और बदसूरती तथा जीवन के दूषित पक्ष को भी सौंदर्य का एकरूप मानता है क्योंकि इससे भी उसे कुछ सोचने और लिखने की प्रेरणा मिलती है। इसी संदर्भ में कोमल का निष्कर्ष है कि 'सुमेर को जीवन के उजले तथा काले दोनों पक्षों से दो चार होना पड़ा है। पर उसकी खूबी यह है कि जहाँ वह उजले पक्ष को तरजीह देता है वहाँ काले पक्ष को भी नकारने की बजाए उसकी 'घुप' और गहराई को कम करने का यत्न करता है।'

'मौत या ज़िंदगी' की चर्चा हम सुमेर के कथन से समाप्त करते हैं - ये लेख और चित्र एक ऐसी तड़प की उपज हैं जिसे कोई संपूर्ण नाम नहीं दिया जा सकता। हाँ, किसी हद तक उस तड़प को 'ज़िंदगी' कह सकते हैं।

'स्वर्गां दे अंगूर' को लेखक के स्वर में आलोचकों ने भी हल्का-फुल्का लेखन कहा किंतु यह भी स्वीकारा कि बात चाहे हल्के अंदाज़ से कही जाए या गहरे में डूबकर, सुमेर ने जिंदगी की बात ही की है, ज़िंदगी के गलत मूल्यों की काट और ज़िंदगी के सत्य-तथ्य की।

'स्वर्गां दे अंगूर' में 57 अध्याय हैं - सत्तावन आंखों से देखा गया ज़िंदगी का सच। चूंकि इसमें एक धारावाहिक कथासूत्र है, हम इन्हें गल्प निबंध कह सकते हैं जो जहाँ-तहाँ काव्यात्मक हो गए हैं। फिर 'स्वर्गां दे अंगूर' को किस विधा के अंतर्गत रखा जाए ? लेखक के अनुसार इसमें कहानी, नाटक, कविता, निबंध, समालोचना का सम्मिश्रण है और इसके कथ्य में है जीवन के सभी अंगों के प्रति दार्शनिक दृष्टि, न्याय,मंतक,राजनीति,अर्थशास्त्र,आधुनिक विज्ञान आदि। इसकी शैली में हास्य-व्यंग्य तथा बुद्धिविलास भी है।

किंतु लेखक का यह दावा समीक्षकों के गले नहीं उतरा। उन्होंने इसे अतिशयोक्ति कहा।

सुमेर चूंकि मूलतः चित्रकार है अतः उसकी चित्रकला की चर्चा कतिपय विस्तार से अपेक्षित है किंतु पहले सुमेर के कविकर्म पर एक नजर जरूरी है - वैसे यह निर्णय करना कई बार बहुत कठिन होता है कि कोई लेखक/कलाकार *मूलतः* क्या है। वह *मुख्यतः* क्या है, हम केवल यही देख पाते हैं। सुमेर क्या एक-साथ दार्शनिक, कवि और चित्रकार नहीं है। फिर उसे अलग-अलग ख़ानों में बांट कर देखने का औचित्य क्या है ! सिर्फ इतना कि उसके बहुमुखी कृत्य को अनुशासनबद्ध तरीके से विवेचित किया जा सके। यह भी कि पाठक/दर्शक की जिस विषय में रुचि है उस विषय में वह उसके साथ संवाद की स्थिति में पहुँच सके।

कवि के रूप में सुमेर का अध्ययन मेरे लिए 'मैं बपुरी बूड़न डरी रही किनारे बैठ' - जैसा है, सुमेर के कविता-सागर की सुंदर लहरों का आनंद मात्र लेना। गहराई

में उतर कर काव्य-मोतियों की प्राप्ति संभव नहीं थी। पंजाबी कविता की समुचित जानकारी का अभाव मेरे लिए बड़ी बाधा थी। इसलिए निम्न पंक्तियों में सुमेर की कविता का आकलन हरभजन सिंह कोमल की गहरी अकादमिक निरख-परख पर आधारित सामग्री का सार है।

सुमेर की काव्य रचना के तीन रूप हैं गीत, ग़ज़ल, छन्दमुक्त कविता।

कहा जाता है कि गीतात्मक कविता में कवि अपने निज तक सीमित रहता है। किंतु सुमेर, जिंदगी के जिन महान मूल्यों के प्रति समर्पित है वे ही उसके गीत का विषय रहे हैं। उसका गीत संग्रह 'मालकौंस' गीतों की 'कारीगरी की पुस्तक' है जिसमें समूची ज़िंदगी के उत्थान के लिए कवि की अंतर्तम भावनाएँ तैरती दिखाई देती हैं। 'मालकौंस' को 'गीतों की कारीगरी' कहने का भाव यह है कि उसमें गीत का काव्य रूप अपने शिखर पर है। पंजाबी लोकगीत की हृदयस्पर्शी विशेषताओं को इसमें पूरी तरह उतारा गया है। सुमेर के गीतों में साहित्यिक परिपक्वता की झंकार है।

गीत की तरह ग़ज़ल को भी सुमेर ने अपनी अभिव्यक्ति का माध्यम बनाया। किंतु ग़ज़ल के छंद शास्त्र की सीमित जानकारी के कारण सुमेर की ग़ज़लों में 'कच्चापन' है। अरूज की कोई भी खूबी उसकी ग़ज़लों में नहीं है। शायद इसका एहसास उसे भी था इसीलिए उसने अपनी ग़ज़लों को 'ग़ज़ल-अग़ज़ल' कहना उचित समझा।

खुली कविता या छन्दमुक्त कविता की ओर मुड़ने का कारण सुमेर ने 'बाकी बचिया आदमी' की भूमिका में लिखा - मेरी 'धरती' और 'आकाश' तुकांत कविता में सिमटते नहीं थे। मन में कितना कुछ नया नकोर उग आया। उसे संभालने, संवारने और उसके प्रवाह के लिए मुझे खुली धरती और कैनवस की जरूरत थी। बंधन के मैं विरुद्ध नहीं। बंधन या घेरे के बिना सुंदरता के नक्श साकार नहीं हो सकते। किंतु जिस प्रकार घुटते बंधन में दम घुटने लगता है उसी प्रकार नितांत खुलापन भी सुन्दरता अथवा जीवन मूल्यों को बिखेर देता है, समाप्त कर देता है।' खुली कविता के रूप को बहुत संवारने का प्रश्न आमतौर पर नहीं उठता किंतु सुमेर ने आवश्यकतानुसार ऐसा किया है नहीं तो उसकी कविता इतनी प्रखर न होती।

सुमेर ने कविता में जिन बिम्ब,प्रतीक,दृश्यचित्रों का प्रयोग किया है वे हमारे आसपास और दैनंदिन जीवन का अंग हैं। इससे उसकी कविता सहज और आकर्षक हो गई है। सुमेर की कविता बिम्बों की पूरी एलबम है। बिम्ब रचना सुमेर का सहज गुण है क्योंकि वह एक सिद्धहस्त चित्रकार है।

प्रतीक जहाँ एकाध या दोचार शब्दों तक सीमित रहता है, बिम्ब एक पूरी तस्वीर बनाता है। किसी वस्तु की परछाईं, इमेज या चित्र उस वस्तु का बिम्ब है। 'काव्य-बिम्ब एक तरह से ज्ञानेंद्रियों द्वारा बनाया शब्दचित्र है जो कुछ अंशों तक

अलंकृत होता है जिसमें मानवीय संवेदनाएँ भरी होती हैं जो पाठक के मन में रागात्मक भाव पैदा करती हैं। फ़र्क़ सिर्फ़ इतना है कि चित्रकार रंग और तूलिका से चित्र बनाता है जबकि कवि का माध्यम शब्द होता है।''

चित्रकार होने के कारण सुमेर के काव्य बिम्बों में चित्र उभर आना बहुत स्वाभाविक है। एक उदाहरण देखें -

किद्धर गए पुल हेठों पानी
बल बल उठे रेत
भुक्खे शेरां वांगू वेखण
चुप खड़े ओह खेत। (मालकौंस)

(कहाँ गया पुलों के नीचे का पानी, अंगारे उगलती रेत ही रेत। चुप खड़े खेत भूखे शेरों की तरह देख रहे हैं।)

सूखे का दारुण चित्र है यह ! कहीं पानी का नाम नहीं। खेतों में खड़ी फसल उन भूखे शेरों की तरह है जिन्हें कहीं शिकार नहीं मिल रहा, चुप खड़े टकटकी लगाए अपने आस पास निहार रहे हैं।

यह सब कुछ होते हुए भी कोमल ने सुमेर की कविता को दुरूह कहा है: 'यह कहने में हिचकिचाहट नहीं है कि उसके गीतों ग़ज़लों को छोड़कर उसकी कविता उनसे सीधा संबंध नहीं जोड़ती जिनके लिए वह लिखी गई है। सुमेर की कविता में विस्तार और व्याख्यात्मकता के रुझान के प्रति कोमल ने 'धर्मयुग' पत्रिका की यह टिप्पणी उद्धृत करते हुए संतोष व्यक्त किया है – 'सरलता और सुंदरता केवल संक्षेप में ही नहीं, सुलझे हुए विस्तार में भी होती है।'

सुमेर ने ड्राइंग का प्रशिक्षण प्राप्त किया था जिससे उसकी कलात्मक अभिरुचि का विकास हुआ, यह उसकी आजीविका का साधन भी बना। किंतु सुमेर नहीं जानता था कि कालांतर में वह स्वयं एक 'ड्राइंग' में बदल जाएगा। उसका मस्तिष्क सृजन की रेखाओं से भर जाएगा - सीधी-तिरछी, गोल, ऊर्ध्व, हॉरीजेंटल, समानांतर, एक-दूसरी को काटती, अनेक कोण बनाती, लहराती, नाना शक्लों को आकार देती, पुष्ट वक्ष की गोलाइयाँ बनती, भयावह-वीभत्स भावों को रचती सुषुप्त रेखाएँ अंगड़ाई लेकर उठीं तो नायिका की अंगड़ाई की तरह दर्शक के दिलो दिमाग पर छा गईं। ये रेखाएँ मात्र शरीर नहीं थीं, केवल शक्ल नहीं बनाती थीं। ये तो उन गहरे अर्थों से भरी थी जो सुमेर के मस्तिष्क को आंदोलित कर रहे थे, प्रश्नों से सनी रेखाएँ, व्याख्या-भार से लदी रेखाएँ, किसी फ़लसफ़े का विश्लेषण करती रेखाएँ। और बहुत बार थकी-हारी, अपनी बात कहने के लिए बार-बार अपने को दोहराती रेखाएँ नारी की विशाल आँखों से, पुरुष की सुपुष्ट बाहों से, निर्माण-विनाश के औजारों से, पाँव के छालों से, शांत-करुण चेहरों से, कामुक मुद्राओं से, फूल-पत्ती से, न्याय-अन्याय की तुला से, आकाश में उड़ते यान, चील-बाज-चिड़ियों से, चाँद-तारों से, सागर के

मकर-मीन से, जंगली पशुओं के ख़ौफ़ से, न जाने क्या-क्या से सुमेर एक दुनिया रचकर रेचन की मुद्रा में चला जाता और दर्शक को अविराम खोज के लिए छोड़ जाता। वह फिर लौटता, सृजन के लिए ही नहीं, दर्शक की समझ को विस्तार देने के लिए भी। किंतु वह अपने चित्रों का एक कमज़ोर व्याख्याता था। वह उनकी व्याख्या करता-करता खुद उलझ जाता, चित्र से भी अधिक दुरूह हो जाती उसकी व्याख्या। वह तो सर्जक था, व्याख्याता या समीक्षक नहीं। सर्जक अपना समीक्षक नहीं बनता। यदि वह ऐसा करता है तो उसकी समीक्षा एकांगी होती है, निष्पक्ष नहीं। हाँ, उसमें उस चित्रकार का भोलापन और ईमानदारी थी जिससे वह दर्शक की सहायता के लिए तत्पर रहता था। वरना ऐसे कलाकारों की कमी नहीं जिनसे उनकी रचना के बारे में पूछा जाए तो वे इस बेरहमी से किनाराकशी करते हैं कि दर्शक बेचारगी की बंद गली में खड़ा रह जाता है। सुमेर हमें बंद गली में तो नहीं छोड़ता किंतु ऐसे चौराहे पर लाकर खड़ा कर देता है जहाँ से अनेक रास्ते निकलते हैं।

सुमेर के अधिकांश चित्र कोलाज की तरह दिखाई देते हैं लेकिन वे कोलाज नहीं है क्योंकि एक ही चित्र में एकाधिक, कई बार 50-60-100 तक चेहरे-मुहरे जिन्हें अनेक दृश्यों में देखते हुए लगता है कि ये सब किसी पूर्व निश्चित मंजिल की तरह गामजन हैं और इस तरह वे स्थिर होते हुए भी गतिशील दिखते हैं - एक मंजिल की तलाश में बेताब, गति से भरे हुए। मंज़िल का पीछा करते चित्रों के साथ दर्शक भी अपनी-अपनी समझ के रास्तों से वहाँ पहुँचने की कोशिश में अपने कदम बढ़ाने लगता है।

बहुत बार सुमेर का कवि, दार्शनिक चित्रकार इस तरह से घुल मिल गए हैं कि उन्हें एक-दूसरे से अलग नहीं किया जा सकता, फिर उसे समझना और भी कठिन हो जाता है। ऐसी स्थिति में जब तक हम अपने रोज़मर्रा के धरातल से नहीं उठते, सुमेर अबूझ बना रहता है अपनी कविता में, लेखों में, चित्रों में। सुमेर के शब्दों में 'मेरे विषय ज़िंदगी और सारी मानवता के हैं, केवल लेखक के नहीं। लेखक की जिम्मेवारी है कि इन विषयों से जुड़ी समस्याओं का सरल से सरल समाधान सुझाए, उन सच्चाइयों को साकार करे जो हमारी नज़रों से परे हैं। किंतु इस जिम्मेवारी की एक हद है क्योंकि इस प्रकार के लेख और चित्र भी न्याय चाहते हैं कि कोई उन्हें

मनोरंजन की हद से थोड़ा आगे बढ़कर किसी अनिवार्य वस्तु की तरफ जितना ध्यान देना जरूरी है कम से कम उतना ध्यान देने का कष्ट जरूर करे।' इस तरह सुमेर अपने पाठक/दर्शक से एक आधारभूत रचनात्मक समझ और जागरूकता की मांग करता है। यदि यह संभव नहीं तो क्या करे सुमेर –

"मुश्किल है अदब-ओ-फ़न बताओ क्या करे सुमेर,
कड़वे हैं फल तमाम जब बीमार हो ज़ुबां।"

सुमेर 'सरल से सरल' समाधान सुझाने की सदिच्छा और सदाशय के बावजूद

'मुश्किल' बना रहा। अपनी कृति 'मौत या ज़िंदगी' में उसे अपने चित्रों की संक्षिप्त व्याख्या भी देनी पड़ी।

क्यों कोई रचनाकार दुरूह हो जाता है, संप्रेष्य नहीं बनता आम आदमी के लिए। दो कारण हो सकते हैंः

एक, रचनाकार सृजनधर्मा होने के कारण अपने लिए, मानवता की बेहतरी के लिए एक नई दुनिया की कल्पना करता है जो उसके आसपास की दुनिया जिससे वह संतुष्ट नहीं होता, अलग होती है। मोहन राकेश ने कहा था कि रचनाकार छलांग लगा कर वर्तमान को लांघ जाता है और अपने कल्पित भविष्य की बेहतर दुनिया में विचरण करने लगता है। इस तरह वह वर्तमान समाज से अलग पड़ जाता है, उसकी समझ से दूर। यदि समाज सहिष्णु न हो तो बहुत बार उसे इसका खमियाजा भी भुगतना पड़ता है, हिंसा का शिकार होने की हद तक। तस्लीमा नसरीन, सल्मान रश्दी अपने लेखन के कारण, एम.एफ. हुसैन अपने 'सरस्वती' चित्र के कारण, हबीब तनवीर अपनी नाट्य प्रस्तुति 'पोंगा पंडित' के कारण संकट में रहे हैं। ये कुछ हाल के उदाहरण हैं। दो हजार वर्ष पहले यूनान की महान दार्शनिकत्रयी (सुकरात, प्लेटो, अरस्तू) के एक दार्शनिक प्लेटो ने कविता के विषय में एक चौंकाने वाली टिप्पणी की। प्लेटो ने कविता को अत्यंत हेय एवं घृणापूर्ण दृष्टिकोण से देखा - ''कवि या साहित्यकार हमारे ज्ञान की अभिवृद्धि न करके हमारी वासनाओं, इच्छाओं एवं भावनाओं को आंदोलित करते हैं जिससे पारिवारिक, सामाजिक, राष्ट्रीय जीवन में दुर्बलता आती है।'' प्लेटो ने अपने देशवासियों को कविता का बहिष्कार करने का परामर्श दिया। उसने कहा- ''कविता को हमें अपने देश से निकाल देना चाहिए। ...राज्य में उसे तभी स्थान मिल सकता है जब वह अपने आपको निर्दोष एवं उपयोगी सिद्ध करे।'' क्या तस्लीमा और रश्दी को 'देश निकाला' का दंश कुछ कम पीड़ाजनक होता दिखाई पड़ेगा। या सदियों पुरानी कलाविरोधी सोच के प्रतिरोध के लिए नए औजार, नई लामबंदी की जरूरत महसूस की जाएगी। – डा0 गणपतिचंद्र गुप्त

दो, साहित्य या कला सूक्ष्म या उच्च स्तरीय होने पर आम आदमी की समझ और ज़रूरत की वस्तु नहीं रह जाते। लाखों-करोड़ों लोग अपनी रोज़ी रोटी, परिवार पोषण और सामाजिक परंपराओं- रीति रिवाजों में इस कदर व्यस्त होते हैं कि साहित्य और कला की बारीकियों पर ध्यान देने में न उनकी रुचि होती है, न चिंता। अतः क्यों वह, जैसा कि सुमेर ने चाहा, कला की तरफ 'ध्यान देने का कष्ट' करेंगे। हाँ, कोई प्रेमचंद, रवीन्द्रनाथ टैगोर, प्रो0 मोहन सिंह या राजा रवि वर्मा जब कला की ऊँचाइयों को बरकरार रखते हुए सहज, सरल और संप्रेष्य होता है तो निश्चय ही जन जन के लिए उनका सृजन शिरोधार्य हो जाता है। यदि ऐसा नहीं होता तो साहित्य और कला रचनाकार के सीमित दायरे में सिमट जाते हैं जिसमें विशेषज्ञ, शोधकर्ता या स्टेटस सिम्बल के लिए कला को खरीदने वाला उच्च वर्ग ही शामिल

होता है। दरअस्ल आम आदमी जिस साहित्य और कला को अधिकांशतः समझता है, वह है लोक साहित्य, लोक कलाएँ, या इन जैसे रूपाकार में ढली रचनाएँ। ये सदियों से उसके जीवन में रची बसी हैं। उसके लिए व्यवहार्य और वरेण्य ! समाज जिस प्रकार श्रेणीबद्ध है निम्न, मध्य और उच्च वर्ग में। वैसी श्रेणियां साहित्य और कला में भी दृष्टिगोचर होती हैं। समाज-विज्ञान के अनुसार प्रत्येक अपने-अपने वर्ग-समूह में ही रहता-जीता है तथा अपने से ऊँचे वर्ग में जाने के लिए प्रयत्नशील भी।

कहा गया है कि सुमेर मूलतः एक चित्रकार हैं। उसका एक चित्र है 'मौत कि ज़िंदगी' और इसी शीर्षक से 'दरवाज़ा' में एक कविता। उसकी कविता को उक्त चित्र के विस्तार के रूप में ही देखा जाता है। चित्र की व्याख्या सुमेर के शब्दों में–

''-एक हाथ सूखी टहनियों की ओर यह सिद्ध करता है कि मौत की कोई हस्ती नहीं। जो कुछ इसे समझा जाता है वह मनुष्य के भय और वहम की छायामात्र है। छाया की गर्दन बताती है कि उसका इतना भयानक रूप मजबूरियों, निजवाद और असामाजिक आर्थिकता के कारण है।

-नीचे इतिहास है। देखें, इस छाया ने ज़िंदगी से भागे आदमी से कैसे-कैसे मौत की पूजा करवाई ! फिर भी उसका अंत कितना भयानक !! 'दीया' बुझने से बहुत पहले अंधेरा मौत का रूप बन कर खड़ा हो गया !!!

-पर ज़िंदगी अपने सुन्दर कारनामों से ठोस बुनियाद पर खड़ी चढ़ती कला में है। नीचे, दो उमरें (व्यक्ति) भरपूर जीवन जीकर संतोषभाव से जिंदगी की अमानत लौटाते हुए।''

भाव और कला दोनों पक्षों से समृद्ध यह चित्र सुमेर की सर्वश्रेष्ठ रचना है- पहली नजर में आकर्षक, चिंतन और दर्शन की भव्य गहराई, मौत पर ग़ालिब ज़िंदगी का पैनोरमा।

एक और चित्र 'बाज़' जिसे सुमेर ने ताकतवर और बहुअर्थी कहा –

ऊपर एक बहुत बड़ा बाज़ है जो अपने पैरों और पंजों की विशालता से मानो सारी सृष्टि पर छाया हुआ है। नीचे एक मानवी आकार जिसके एक हाथ में विकास की गरारी और दूसरे में विज्ञान का करिश्मा। दूसरी तरफ एक सुंदर स्त्री का आकार जिसकी केश राशि आकाश को छूती हुई। और एक सितार जो स्त्री के शरीर की तरह ख़मदार जिसके तार ऊर्ध्वमुखी होकर आकाश की बिजली की कौंध बने हुए। चित्र के नीचे सुमेर का यह शे'र-

फड़कदे पर फ़िज़ा नूं घेर दे इक बाज़ दे,
कंब उठे तार सब इस ज़िंदगी दे साज़ दे।

व्याख्या में सुमेर ने कहा कि बाज़ मनुष्य के दिमाग का प्रतीक है जो सारे ब्रह्माण्ड पर छा गया है। इसके पंखों से फ़िज़ा में एक तबदीली और थरथराहट पैदा

हो गई है। सितार 'जीवन रूपी साज़' का बिंब है जिसमें लचक और बिजली की चंचलता आ गई है जिससे मनुष्य का निकटवर्ती सौंदर्य और यथार्थ असरअंदाज़ हुए हैं। कोमल इस व्याख्या से असहमति प्रकट करते हुए कहता है कि बाज़ दिमाग का प्रतीक नहीं बन सकता। वह तो शिकारी पक्षी है, विनाश सूचक। साज़ के तारों का कम्पन भी दिमाग के विस्तार की प्रतिक्रिया नहीं है। ज़ाहिर है चित्रकार ने विकास और विनाश के प्रतीकों के चयन में गल्ती की है और चित्र के अर्थ उसकी मर्ज़ी के विपरीत हो गए हैं। ठीक अर्थ यह है कि बाज के रूप में जीवन घातक शक्तियों का आक्रमण और इससे प्रभावित जीवन-विकास के विभिन्न रूप - विज्ञान, इंजीनीयरिंग, संगीत, कला। चित्र संबंधी उक्त शे'र से भी यही ध्वनित होता है।

कोमल की व्याख्या से दो महत्वपूर्ण संकेत उभरते हैं - एक, रचनाकार कई बार 'कहना' कुछ चाहता है, 'हो' कुछ जाता है। यह 'होना' चूंकि अनायास हुआ इसमें मौलिकता का नवोन्मेष होता है। दूसरा, किसी भी रचना का आकलन रचनाकार की तुलना में आचार्य या विद्वान समीक्षक के हाथों बेहतर होता है।

कोमल के अनुसार सुमेर की चित्रकारी सुंदर लिखाई या ख़ुशख़ती से शुरू होकर बेलबूटों और गुरबाणी पर आधारित सुंदर चित्रों का सफर तय करके गहरे भावों की चित्रकारी तक पहुंची कला का विकसित रूप है। गिनती की दृष्टि से भले ही उसके चित्र इतने ज्यादा न हों कि एक प्रदर्शनी भी लगाई जा सके किंतु उन चित्रों में विचारों की बहुलता और सघनता इतनी अधिक है कि वे चित्र कई प्रदर्शनियों पर भारी पड़ते हैं। एम.एस.रंधावा को सुमेर के चित्रों में 'मानवीय जीवन तथा उसकी विकासशीलता दिखाई देती है - हर आदमी के जीवन में ऐसे प्रश्न उठते हैं जिन्हें हल करने में वह असमर्थ होता है। किंतु बहुत बार वह अपनी पराजित मानसिकता पर अपने अहं का मुलम्मा चढ़ाकर आँखें बंद किए चलता रहता है।' सुमेर ऐसे प्रश्नों का हल यदि चित्रों के माध्यम से ढूंढता है तो यह एक चुनौती भरा काम है। अपने निबंधों में इस चुनौती का मुकाबला इतना जोखिम भरा नहीं है किंतु वहाँ कलापक्ष पर भावपक्ष हावी हो जाता है और ज्यों ही सुमेर को इसका अहसास होता है वह कलम को छोड़कर ब्रश थाम लेता है। दोनों माध्यमों का लक्ष्य एक ही है - 'कलम और ब्रश से उसने सदा नश्तर का काम लिया है। उसके नश्तर की धार बहुत तेज है जिसे वह कभी कुंठित नहीं होने देता।'

आख़िर में, चूंकि सुमेर के लेखन और चित्रों में जीवन का फैलाव है, इसलिए उसने समास शैली की बजाए व्यास शैली का प्रयोग किया है। उसकी मान्यता है कि 'गागर में सागर'- शैली मंज़िल की बात करती है किंतु विस्तार - शैली 'मार्ग' की कहानी भी कहती है और उसमें 'मंज़िल' की तड़प भी होती है।

"1954 की एक शाम मैं भाखड़ा बांध के ऊपर एक पहाड़ी पर खड़ा था। नीचे सतलुज का पानी शोर करता बह रहा था। पानी का रुख मोड़ने का काम संपन्न हो गया था। मेरे मन-मस्तिष्क में एक प्रश्न उभरा – यदि हम बांध बना कर दरिया का रुख बदल सकते हैं तो समाज को क्यों नहीं बदल सकते?"

– गुरशरन सिंह

गुरशरन सिंह : रंगकर्म का मिथक पुरुष

देश-विदेश में सात हजार से अधिक नाट्य प्रस्तुतियाँ– यह एक विश्व रिकार्ड हो सकता है! एक रिकार्ड यह भी है कि उसकी एक भी पेशकारी हूट नहीं हुई। पंजाब के गाँवों का नक्शा उसकी पगथलियों पर बना है– गाँव-गाँव घूम कर उसने धार्मिक कट्टरता, आतंकवाद, जनविरोधी राजनीति के खिलाफ आवाज़ बुलंद की, रूढ़ियों की लोरी सुन-सुनकर उँघते समाज को जागृत करने की अलख जगाई। उसके दिमाग में भी एक नक्शा खिंचा हुआ है जिसमें हैं– गाँव की कच्ची गलियाँ, गरीबों की झोपड़ियाँ, अधनंगे बच्चे, भूख से दो-चार होते परिवार, अशिक्षा और बेरोजगार के कारण बुढ़ाते नौजवान!

वह बेचैन रहता है, लेकिन न वह निराश है, न हताश, एक योद्धा की तरह गत 45 वर्षों से साहित्य और कला के औजारों से एक योजनाबद्ध लड़ाई जारी रखे हुए है। इस अवधि में उसने अनेक गाँवों और कस्बों में नाटक मंडलियों का गठन किया, सैंकड़ों कलाकारों को मंच पर उतारा। हजारों-लाखों गरीब-मजदूर-पिछड़े लोग, विद्यार्थी, लेखक, बुद्धिजीवी उसके श्रद्धालु हो गए। उनके लिए वह गुरशरण सिंह से गुरशरन भा (भाई) जी हो गया।

मार्क्सवादी विचारधारा में उसका अटूट विश्वास है। मार्क्सवाद के सिद्धान्त से ही बराबरी के शोषणमुक्त समाज की संरचना संभव है– अपने लेखों, नाटकों द्वारा इसी उद्‌देश्य का पीछा करने में उसने दिन रात एक किया, लगातार सफर में रहा है। जुनून की हद तक क्रियाशील और प्रतिबद्ध! माध्यम कोई भी हो– पुस्तक प्रकाशन, शहीदी मेले, दूरदर्शन के धारावाहिक, फिल्म अभिनय या फिर अपनी मंडली, उसने भ्रष्ट राजनीति, छद्‌म धार्मिकता, सम्प्रदायिकता पुनरुत्थानवाद, सरकार-पुलिस तंत्र के अत्याचार का पर्दाफाश किया। हर पेशकारी के अंत में लोगों को बेहतर समाज का नारा दिया। वह राजनीतिक कार्यकर्ता या नेता नहीं, एक राजनीतिक रंगकर्मी है– उसकी मान्यता है कि समाज में बदलाव राजनीतिक नीति-निर्णय के बिना संभव नहीं। साहित्य कला में जब तक राजनीतिक मुद्‌दे नहीं उठाए जाएँगे कोई भी बड़ा परिवर्तन या सामाजिक क्रान्ति संभव नहीं है। इसलिए नारा भी उसके लिए एक कला है। कलावादियों की आपत्ति को वह शुरू से खारिज करता रहा। गुरशरन की नाट्यकला में सीधा आह्वान और उद्‌देश्य की मुखरता

रूपवादी के लिए बेचैनी का बायस है। अच्छा हो कि वह गुरशरन के नाटकों कोई इस नजरिये से देखना सीखे कि वह उच्च या मध्यम वर्ग के लिए नहीं, निम्न-पिछड़े वर्ग के लिए नाटक करता है। कला के मानदंडों की जकड़न ढीली करना गुरशरन की जरूरत ही नहीं है, उसका स्पष्ट लक्ष्य भी है। उसके नाटक कलावंतों के लिए नहीं, जनता के लिए हैं– जन चेतना एवं जन लामबंदी के लिए।

वह इन्कलाबी कम्युनिस्टों की कार्यशैली का हिमायती रहा है। स्वाभाविक था कि नक्सलवादी आन्दोलन के दौरान उसके जुझारू नाटकों का रंग ज्यादा गूढ़ा हो गया। वैसे वाम विचाराधारा की हर छोटी बड़ी पार्टी को गुरशरन सिंह 'अपनेपन' की नज़र से देखता है। वे सब पार्टियाँ भी उसे 'अपना' समझती हैं। इस पारस्परिक स्नेह और सम्मान के कारण अति उत्साही होकर उन्होंने वाम विचारधारा की सभी पार्टियों और छोटे-बड़े समूहों को एक मंच पर लाने की कोशिश की। 'इन्कलाबी एकता केन्द्र' की स्थापना हुई। किन्तु केन्द्र क्रियाशील नहीं हुआ। फलस्वरूप गुरशरन सिंह के भावुक कलाकार को एहसास हो गया कि वह कला के माध्यम से ही राजनीति में अधिक सकारात्मक भूमिका निभा सकता है। दोनों ही क्षेत्रों में– राजनीति और कला– उनका लक्ष्य एक ही है कि लोगों को सामाजिक न्याय के लिए संघर्षशील किया जाए।

गुरशरन सिंह 1944 में 15 वर्ष की छोटी उम्र में जब वह 9वीं कक्षा का विद्यार्थी था कम्युनिस्ट पार्टी का कार्ड होल्डर बन गया था। बाद में जब वह कला के क्षेत्र में उतरा तो राजनीति का रंग और विचारधारा का प्रभाव अपवने साथ लाया। राजनीति उसकी कला पर पूर्णतः हावी रही लेकिन अपने नाटकों में राजनीति को उसने इस खुशअसलूबी से उतारा कि सरकारी सेवा में रहते हुए भी उसका विरोध नहीं हुआ। इसका यह अर्थ कदापि नहीं है कि उसने अपने सिद्धान्तों से समझौता किया या विरोध का स्वर धीमा किया।

1975 में आपालकाल के दौरान उसे एक बार नौकरी से हटा दिया गया और गिरफ्तारी भी हुई। किन्तु यह संकट देश-व्यापी था। अनेक लोगों को यातना के इस दौर से गुजरना पड़ा था। 22 महीने बाद जनता पार्टी की सरकार बनने पर वे फिर नौकरी में आ गए।

शुरू में भले ही गुरशरन सिंह ने परम्परागत रंगकर्म का सहारा लिया। किन्तु लम्बे अर्से से वह नुक्कड़ नाटक या स्ट्रीट प्ले नाट्य विधि को अपनाए हुए है। नाटक में अपेक्षित पर्दे, विंग, फोकस लाइट, सीन-सीनरी की साज-सज्जा उसके लिए अब बेमानी है। उसकी 'रेपरटरी' उसकी मारुति कार है जिसमें नाटक के सारे पात्र और 'सामान' रखा होता है। अक्सर वह ऐसे नाटक लिखता है जिसमें चार-पाँच पात्र पर्याप्त हों। चालक समेत मारुति के पाँचों सवार अभिनेता/कलाकार होते हैं। कई बार एक दिन में वह दो या तीन शो कर देता है। तब रात के बारह-एक बजे शो

खत्म होते ही मारुति अगली मंजिल के लिए स्टार्ट हो जाती है क्योंकि अगले दिन उसे किसी और गाँव, कस्बे या शहर में नाटक करना होता है– उसकी हिम्मत और लगन की दाद देते हुए हजारों दर्शक, आयोजक उसके प्रति आदर और श्रद्धा उंडेलते हुए एक परिजन की तरह अपने भा जी को भावपूर्ण विदा कहते हैं। गुरशरन सिंह उनके प्रति आभार जताते हुए उन्हें अपनी जिन्दगी की किताब का एक पन्ना थमा देते हैं जिस पर लिखा होता है–

मेरी ज़िन्दगी इक मुसलसल सफर है,
जो मंज़िल पे पहुँचा तो मंज़िल बढ़ा दी।

गुरशरन सिंह को नुक्कड़ नाटक का जनक कहा जाता है। यह विधा उन्होंने यूरोप की थियेटर सरगरमियों से प्रभावित होकर अपनाई। भूपाल में 1981 में आयोजित समारोह में नुक्कड़ नाटक के क्षेत्र में की गई उनकी सेवाओं के लिए उन्हें 'नुक्कड़ नाटक सम्राट' का सम्मान प्रदान किया गया। उस अवसर पर उन्होंने कहा था– एक वक्त था जब नाटक संभ्रात लोगों तक सीमित था। अब उसे गाँव-गली में जाना चाहिए। यदि लोग थियेटर से संकोच करते हैं तो थियेटर को लोगों तक ले जाना चाहिए। नाटक यात्रा के दौरान कई बार ऐसा भी हुआ जब गुरशरन सिंह को पता चला कि अमुक जगह लोगों का इकट्ठ है तो वह 'सात वल पाके' भी वहाँ पहुँचा। 'पलस' (पंजाब लोक सभ्याचारक) मंच की स्थापना के पीछे भी यही उद्देश्य था कि थियेटर को दूरदराज़ गाँवों में ले जाया जाए ताकि अधिकाधिक लोगों को नाटक, गीत, साहित्य के माध्यम से जागरूक किया जा सके।

गुरशरन सिंह ने राष्ट्रीय साक्षरता मिशन द्वारा संचालित पूर्ण साक्षरता परियोजना में भी यथाशक्ति सहयोग दिया क्योंकि यह एक ऐसा जन अभियान था जिसका लक्ष्य साक्षरता के अलावा यह भी था कि 'लोग अपनी बदहाली के कारणों पर विचार करें और उसे दूर करने का यत्न करें।'

गुरशरन सिंह का जन्म 16 सितम्बर 1929 को मुलतान (अब पाकिस्तान) में हुआ। प्रारम्भिक शिक्षा मुलतान में प्राप्त की। आगे की पढ़ाई खालसा हाई स्कूल तथा खालसा कालिज अमृतसर में हासिल की।

विद्यार्थी काल में उन्हें गुरबख्श सिंह प्रीतलड़ी के अलावा गोर्की तथा तोल्स्ताय की रचनाएँ पढ़ने को मिलीं। उन्हीं दिनों खालसा स्कूल/कॉलेज के वातावरण में वे अक्सर भाई जोधसिंह तथा प्रो. साहब सिंह के धार्मिक प्रवचन सुनते। भाई जोधसिंह के वक्तव्य में श्रद्धा का पुट होता; प्रो. साहब सिंह के तर्कपूर्ण विचार सही लगते। वह अपने बड़े भाई इन्द्रजीत सिंह के विचारों से अधिक प्रभावित हुआ जो उन दिनों लाहौर में पढ़ रहे थे तथा साम्यवादी कार्यकर्ता थे। नतीजतन गुरशरन सिंह विद्यार्थी होते हुए ही कार्ड होल्डर बन गया।

टेक्नीकल केमिस्ट्री में एम.एस.सी. करके वे 1951 में पंजाब सरकार के

सिंचाई विभाग में प्रथम श्रेणी के राजपत्रित अधिकारी नियुक्त हुए। आरम्भिक 15 वर्षों तक वे भाखड़ा-नंगल परियोजना में कार्यरत रहे। आज़ादी मिलने पर देश की नदियों पर बड़े-बड़े बाँध बनाने की बहूद्देशीय परियोजनाएँ शुरू की गई थीं। जवाहर लाल नेहरू ने कहा था कि ये बाँध देश के आधुनिक मंदिर हैं। पंजाब में बने भाखड़ा बाँध के निर्माण में गुरशरन सिंह ने महत्वपूर्ण भूमिका निभाई। उसी दौरान एक घटना ने वैज्ञानिक गुरशरन सिंह को एक रंगकर्मी में बदल दिया। आज उसका शुमार देश के सर्वोच्च नाटककारों में है। घटना का विवरण गुरशरन सिंह के शब्दों में– सन् 1954 की एक शाम। मैं भाखड़ा बाँध की जगह से ऊपर एक पहाड़ी पर खड़ा था। नीचे सतलुज का पानी शोर करता बह रहा था। दायें-बायें दोनों तटों पर मज़दूर कई दिनों से मिट्टी डाल-डाल कर पानी का रुख बदल रहे थे। उनके शब्द– 'हाइशा' वातावरण में हर्षोल्लास और जोश भर रहे थे। आजाद भारत के निर्माण की आधारशिला रखी जा रही थी। सूरज नीचे उतर कर पश्चिमी क्षितिज को छूने लगा। पानी का रुख मोड़ने का कार्य सम्पन्न हो गया था। हरी पहाड़ियों से आती ठंडी हवा के झोंके से मजदूरों के तपे चेहरे खिल उठे। मनुष्य की बुद्धि तथा श्रम ने देव की तरह दहाड़ते दरिया पर बाँध का नींव पत्थर रखने की जगह हमवार कर दी थी। कामयाबी के इस मंज़र से मेरे मन-मस्तिष्क में एक प्रश्न उभरा-यदि हम बाँध बनाकर दरिया का रुख बदल सकते हैं तो समाज को क्यों नहीं बदल सकते? श्रमिकों की शक्ति अपरिमेय है। इसे जागृत करने की जरूरत है। बस उसी दिन से मैंने इस शक्ति को सचेत करने का अहद कर लिया।

तभी एक दूसरी घटना ने गुरशरन सिंह के अहद को पुख़्तगी बख़्शी। पं. जवाहर लाल नेहरू को भाखड़ा बाँध का उद्घाटन करने आना था। पंजाब के तत्कालीन मुख्यमंत्री स. प्रताप सिंह कैरों ने एक सांस्कृतिक कार्यक्रम आयोजित किया जिसमें लोकप्रिय गायक यमला जट्ट के साथ एक दर्जन चोटी के कलाकार शामिल थे। मज़दूरों को पता चला तो वे देश के हरदिलअज़ीज़ प्रधानमंत्री को देखने तथा लोक कलाकारों को सुनने के लिए उमड़ पड़े। मंडप के चारों तरफ कनात लगी हुई थी। प्रवेश द्वार पर सुरक्षा कर्मी तैनात थे। मज़दूरों के भीतर जाने पर पाबंदी थी। देश के निर्माण में पसीना बहाने वाले तंबू के बाहर खड़े थे। गुरशरन सिंह को पता चला। हैरान-परेशान वह आयोजकों के पास जाकर कहने लगा, 'मजदूरों को भीतर आने की आज्ञा दीजिए। उनके दिल में नवनिर्माण की खुशी है। वे जशन में शामिल होने के हकदार हैं।' लेकिन सुरक्षा अधिकारी ने एक नहीं सुनी। भावुक गुरशरन सिंह का मन भर आया। उसने श्रमिकों के लिए अगले दिन प्रोग्राम करवाने की योजना बनाई। कलाकारों से एक 'नाइट' का खर्चा पूछकर वह मज़दूरों के पास आया जो कनातों की झिरी से प्रोग्राम देखने को मजबूर थे। मज़दूरों को एक तरफ इकट्ठा करके उन्हें सम्बोधित किया– 'तुम्हारे शौक को देखते हुए मैंने कल तुम्हारे लिए

खुले मैदान में प्रोग्राम करवाने की बात की है। लेकिन कलाकारों का खर्चा...' आगे के शब्द मज़दूरों के मुँह से निकले– 'हम सब देंगे'। 'अच्छा तो लाओ', कहते हुए गुरशरन सिंह ने अपनी झोली फैला दी। देखते-देखते झोली नक्को नक नोटों से भर गई। भरी झोली लेकर गुरशरन सिंह यमला से बोला– 'कल के प्रोग्राम के लिए मैं मज़दूरों से फीस ले आया हूँ। सभ्याचार की प्यास जिनके सीने में है उनकी पसीने की कमाई हाजिर है।'

'यदि ये पैसे मज़दूरों ने इकट्ठे किए हैं तो हम एक पैसा भी नहीं लेंगे। हम अपने खर्चे पर जितने दिन वे कहेंगे प्रोग्राम देते रहेंगे।' यमला का गला भर आया।

कलाकारों के अन्तर्मन से निकली त्याग भावना ने वैज्ञानिक को द्रवित कर दिया। उसकी आँखों से टप-टप खुशी के आँसू झरने लगे। उत्साहित मन से मज़दूरों को बताया कि कल वे प्रोग्राम देखने के लिए इकट्ठे हो जाएँ। एकत्रित राशि मज़दूरों ने वापिस नहीं ली। इसे श्रमिक-भलाई के कार्यों में इस्तेमाल किया गया। पंजाब के हरमन प्यारे कलाकारों ने मज़दूरों की इच्छानुकूल जो रंग जमाया गुरशरन सिंह उसे आज तक नहीं भूल पाया। श्रमिकों के दिलों में पसरी सांस्कृतिक भूख ने एक वैज्ञानिक को लोकधर्मा रंगकर्मी में रूपांतरित कर दिया। उसने मज़दूरों-गरीबों की साफ-सुच्ची जीवनचर्या के नाटक लिखे, समाज की बेहतरी के गीत गाए, मानवीय मूल्यों के लिए संघर्षशील पात्रों का सृजन किया, सामाजिक चेतना की चिंगारी को हवा दी और इन्कलाब की मशाल थाम वह आम लोगों का नाटकार बन गया। अवामी थियेटर का सूत्रधार!

गुरशरन सिंह ने पहला नाटक 1957 में किया। उनकी रंगयात्रा के तीन मुख्य पड़ाव हैं– शुरुआती रंगमंच या नंगल मंच– 1957 से 1962 तक। इस दौरान उन्होंने करतार सिंह दुग्गल का नाटक 'दीवा बुझ गया' तथा अपने दो नाटक 'घुम्मन घेरी' और 'प्लैनिंग' लिखे एवं मंचित किए।

भाखड़ा नंगल प्रोजेक्ट में दस-ग्यारह वर्ष कार्यरत रहने के बाद वे अमृतसर आ गए।

दूसरे दौर में 1964 से 1969 तक अमृतसर कला केन्द्र के बैनर तले अमृतसर की सुसज्जित स्टेज पर अनेक नाटक किए जिनमें आई.सी.नंदा, संत सिंह सेखों, हरचरन सिंह, बलवंत गार्गी, हरसरन सिंह, सुरजीत सिंह सेठी, गुरदयाल सिंह खोसला आदि पंजाबी लेखकों के अतिरिक्त इब्सन, गोर्की के नाटक तथा बैकेट का 'गोदो दी उड़ीक' जैसे विश्व क्लासिक शामिल थे।

तीसरा दौर जो 1969 से शुरू हुआ गुरूशरन को उस मार्ग पर ले गया जिस पर वह चलना चाहता था– इस रास्ते पर थी गाँव के गरीब-पिछड़े लोगों की बस्तियाँ, हरिजनों के बेहड़े। यहीं से शुरू हुआ 'पेंडू रंगमंच' यानी गाँव का थियेटर। अवसर था गुरुनानक देव जी का पाँच सौ साला गुरुपर्व। उस समय उन्होंने गुरदयाल सिंह

फुल्ल का नाटक 'जिन सच पल्ले होइ' तैयार किया। मूलभावना को सुरक्षित रखते हुए 13 पात्रों के इस नाटक को पाँच पात्रों के संक्षिप्त रूप में तैयार कर अनेक स्थानों पर इसकी 600 पेशकारियाँ की गईं। गुरशरन सिंह ने कहा कि मुझे दुनिया के बेहतरीन थियेटर देखने का अवसर मिला– इंग्लैंड, अमरीका, कैनेडा, दिल्ली, मुम्बई आदि। मेरा ख्याल है कि साधनों और जरूरत के मुताबिक जो तकनीक इस्तेमाल की जाए वही थियेटर के लिए उपयुक्त है। आप में साधनों के अनुसार अपना संदेश पहुँचाने की प्रतिभा होनी चाहिए। इसलिए मैंने ऐसा ही थियेटर अपनाया। गाँवों में जाकर मैंने स्टेज-जड़त और लाइटिंग के बिना नाटक किए। मैं जानता था कि गाँवों के सादा लोग अपने जीवन से जुड़ी कहानियों के नाटक देखना पसन्द करते हैं। मैंने तदनुकूल नाटक लिखे। कहीं भी न नाटक शिथिल हुआ, न दर्शकों में प्रभाव की कमी दिखाई दी।

गुरशरन सिंह ने एक सौ से अधिक नाटकों की स्क्रिप्ट लिखी। इनमें उन कहानी-कविता-उपन्यासों के नाट्य रूपांतर भी हैं जिनकी अंतर्वस्तु उसकी विचारधारा के अनुकूल थी। जिन प्रसिद्ध नाटकों की पेशकारी अनेक बार हुई, उनमें शामिल हैं, धमक नगारे दी।

बाबा बोलदा है
मिस्तरी रामलाल
चाँदनी चौक से सरहिंद
घुम्मन घेरी
बेगमो की बेटी
एक कुर्सी, एक मोर्चा ओर हवा में लटके लोग
सीस तली ते
नवाँ जन्म
मुंशी खान

गुरशरन सिंह के सभी नाटक सोद्देश्य रंगकर्म की मिसाल हैं। प्रो. हरभजन सिंह की पुस्तक 'नाट सफर दा शाह सवार गुरशरन सिंह' में जिन नाटकों की समीक्षात्मक व्याख्या की गई है उनमें से कुछ का उल्लेख उनके विपुल रंगकर्म की बानगी के रूप में देखा जा सकता है–

'जब रोशनी होती है' में गुरशरन सिंह ने रूढ़िवाद तथा अंधविश्वास के खिलाफ आवाज उठाई। नाटक का 'नंगा आदमी' एक सशक्त पात्र है। वह सच बोलता है और बादशाह को कटघरे में खड़ा कर देता है–

'मैं बादशाह को जानता हूँ। वह खुद सबसे बड़ा गुनहगार है किन्तु उसने धर्मगुरु से पवित्र पुस्तक में लिखवा लिया है कि बादशाह कभी गुनाह नहीं करता– पर मैं जानता हूँ कि उसने क्या-क्या पाप किए हैं।'

बग़ावत पर उतारू एक और पात्र है, 'नौजवान'। नंगा आदमी मंच पर बने सच के 'चबूतरे' पर राज सत्ता और न्याय के प्रतीक बादशाह और धर्मगुरु को नंगा कर-कर मज़ाक उड़ाता है। दूसरी तरफ 'नौजवान' बादशाह के जुल्म के आगे झुकने से इन्कार करता है।

'बन्द कमरे' (1975) में तत्कालीन प्रधानमंत्री इन्दिरा गाँधी का निरंकुश सत्ता मोह तथा बुद्धिजीवियों की नपुंसक मानसिकता की कलात्मक प्रस्तुति है। एक पात्र नाटक की अन्तर्वस्तु को शब्द देता है– 'जिन्दगी जब चार दीवारी में बंद हो जाए तो दो ही रास्ते बचे रहते हैं, या तो दीवारों से टक्कर मारकर स्वयं को समाप्त कर लें या खिड़की से बाहर छलांग मारने का 'रिस्क' उठाया जाए।'

'मौत दर मौत' ओमप्रकाश गासो के इसी शीर्षक के उपन्यास का रूपांतर है। 'नाटक मुंशीखान दा' पंजाबी कवि जोगा सिंह की पुस्तक 'आपनी मिट्टी' की एक काव्य रचना पर आधारित है। पहले में धर्म-जाति-मज़हब पर आधारित विभाजन का नकार है। दूसरे में देश के बँटवारे की एक दिल दहलाने वाली दास्तान।

सर्वमीत की कहानी पर आधारित नाटक 'नवां जन्म' दलित परिवार के विकासोन्मुख परिर्वतन की तस्वीर है जिसमें केन्द्रीय पात्र शिब्बू अपने पुराने संस्कारों से मुक्त होकर 'नया जन्म' लेता है।

'प्लैनिंग', 'तमाशा हिन्दुस्तान' और 'आओ रानी जी' व्यंग्य नाटक हैं। 'आओ रानी जी' का व्यंग्य ऐतिहासिक पृष्ठभूमि के कारण अत्यन्त मार्मिक और प्रखर है। महारानी एलिजाबेथ 1997 में भारत आई। प्रगतिशील संगठनों ने महारानी की अमृतसर यात्रा का विरोध करते हुए कहा कि वह जलियाँवाला बाग के हत्याकांड के लिए क्षमा माँगे जबकि शिरोमणि कमेटी के अकाली नेताओं ने उसे हरमंदिर साहब का सोने का बना माडल भेंट किया। नाटक में जत्थेदार और रानी के संवाद में मारक व्यंग्य है :

जत्थेदार– सारी दुनिया जानती है कि जब सारा देश जालियाँवाला कांड के कारण अंग्रेजों के प्रति क्रोध से भरा हुआ था तब हमारे अकाल तख्त पर जत्थेदार अरूड़ सिंह ने जनरल डायर को सिरोपा भेंट करके सम्मानित किया था।

रानी– हवाई अड्डे पर उतरे तो हमें यह देखकर खुशी हुई कि यहाँ कुछ नहीं बदला। सब कुछ वैसे ही जैसे हम छोड़ कर गए थे– सामने लाल कालीन। दोनों तरफ हाथ बाँधे, सिर झुकाए हमारी पहली प्रजा-सी कतारें ही कतारें।

जत्थेदार– रानी जी हमारे लिए तो आप हमेशा से यहीं थी। हमने तो अपने बच्चों से सदा यही कहा– ओए सूर दे पुत्तर, जे तरक्की करना ए ताँ पहली जमात तों अंग्रेजी पढ़ो।

उधर प्रदर्शनकारी नारे लगा रहे हैं– इंगलिस्तान की रानी गो बैक-गो बैक! जलियाँवाला कत्ले आम की माफी माँगो-माफी माँगो!

जत्थेदार प्रदर्शनकारियों को मारने के लिए लाठी चार्ज की मुद्रा में फ्रीज हो जाता है और यहीं नाटक का अन्त दिखाया गया है।

'चाँदनी चौक से सरहिंद तक', 'सीस तली ते', 'धमक नगारे दी'– ये तीनों ऐतिहासिक घटनाओं पर आधारित बड़े नाटक है। पहला, गुरु गोविन्द सिंह के संघर्ष, उनके तिपा गुरु तेग बहादुर तथा बच्चों की कुरबानी का रोंगटे खड़े कर देने वाला इतिहास-दर्शन है। दूसरा, अंग्रेजों के विरुद्ध बब्बर लहर के एक बब्बर कुंदन सिंह की बहादुरी की गाथा है जो जुल्म-तशद्ददद के सामने निडरता से मौत का मज़ाक उड़ाता है– "असीं काल नूं अपने सिर ते बन्ह लिया है। इसलिए असीं कदी वी मिट नहीं सकदे-साडी होंद अकाल है। ए हनेर कोठड़ियाँ उजाले नूं नहीं रोक सकदियां। दिन ने आखिर चढ़ना ही है, कालख नूँ समेट के।" तीसरा, 'धमक नगारे दी' को गुरशरन सिंह का सर्वाधिक प्रभावशाली नाटक माना गया है। पंजाब का लोक नायक दुल्ला भट्टी संघर्ष का प्रतीक है। उसे अपने पिता फ़रीद और दादा सांदल की शहादत का जज़्बा विरसे में मिला है। भयभीत रियाया की रक्षा में वह अपनी बलि दे देता है। यह वही दुल्ला भट्टी वाला है जो लोक गीतों में आज भी जीवित है। लोहड़ी के अवसर पर पंजाब-हरियाणा में आज भी बच्चे उसकी शौर्य गाथा के गीत गाकर उसे याद करते हैं।

नाटक की विशेषता यह है कि इसका नाट्य शिल्प कला की ऊँचाइयाँ छूता हुआ उन आलोचकों को निरुत्तर करता है जो गुरशरन सिंह के नाटकों को कलाविहीन 'सन्देशमात्र' कहते हैं।

पंजाब के साहित्यकारों तथा संस्कृति कर्मियों की रचनाओं और नाटकों में प्रवासी भारतीयों का अपनी धरती से बिछुड़ने की व्यथा का चित्रण है। पंजाब से बड़ी संख्या में लोग अमरीका, इंग्लैंड, कैनेडा आदि देशों में जा बसे हैं। अपने घर-परिवार-सभ्याचार से टूटने की व्यथा और रोज़ी-रोटी के सुलभ साधनों की सुविधा के बीच झूलते लोगों के यथार्थ को गुरशरन सिंह ने अपने नाटक 'संताप' में व्यक्त किया है। वे अपने नाटकों की पेशकारी के लिए 1983 से 1997 के दौरान चार बार उक्त देशों में गए, प्रवासियों के जीवन को निकट से देखने का अवसर मिला। आखिरी बार मिले तो प्रवासियों की सोच बदली हुई थी। वे बोले, 15-20 बरस पहले यहाँ आए तो अपने माँ-बाप-भाई-बहन छोड़ने का दुःख था। अब वापस जाएँ तो अपने बेटे-बेटियाँ छोड़ने पड़ेंगे जिन्हें हम नहीं छोड़ सकते।

'एक कुर्सी, एक मोर्चा और हवा में लटके लोग' गुरशरन सिंह का सबसे अधिक विवादास्पद नाटक है। 1982 में लिखे इस नाटक का मंचन डी.ए.वी. कॉलेज होशियारपुर के विद्यार्थियों ने खालसा कॉलेज गढ़शंकर में यूथ फैस्टीवल के अवसर पर किया। दर्शकों में तत्कालीन प्रधान शिरोमणि कमेटी गुरचरन सिंह टोहड़ा अपने समर्थकों सहित उपस्थित थे। नाटक के कुछ संवाद उन्हें सहन नहीं हुए, शोर शराबे

के बीच नाटक बन्द करवा दिया गया। यह फरमान भी जारी हुआ कि भविष्य में यह नाटक खालसा कॉलेजों तथा शिरोमणि कमेटी के प्रबन्धाधीन किसी भी कॉलेज में मंचित न किया जाए। 25 दिसम्बर 1996 को सिख बुद्धिजीवियों की एक विशेष बैठक बुलाकर धमकी भरे बयान जारी किए गए। उसकी तीव्र प्रतिक्रिया हुई। अगले ही दिन प्रगतिशील लेखकों-संस्कृतिकर्मियों-क्रान्तिकारी संगठनों के द्वारा किसान भवन चण्डीगढ़ में एक कन्वेंशन आयोजित की गई। वे सब गुरशरन सिंह के साथ खड़े हो गए। टोहड़ा के कदम को अभिव्यक्ति की आजादी पर प्रहार कहते हुए रोष प्रकट किया। फलस्वरूप नाटक चर्चा के केन्द्र में आ गया और जगह-जगह उसके शो होने लगे।

क्या है उस नाटक में जिसने तत्काल दायें-बायें का ध्रुवीकरण कर दिया। नाटक में लोगों की समस्याओं को हाशिये पर रखने का विरोध किया गया है। पंजाब में दो प्रमुख राजनीतिक दल हैं– अकाली तथा कांग्रेस। दोनों अपने स्वार्थों में व्यस्त लोगों की मूलभूत समस्याओं के प्रति उदासीन! बेरोज़गारी, अशिक्षा, भ्रष्टाचार जैसे मुद्दे उनके एजेंडा में कभी नहीं रहे। 'कुर्सी', कांग्रेस के तथा 'मोर्चा' अकाली दल के 'प्रतीक' के रूप में दिखाए गए हैं। मोर्चा का लीडर अकाल तख्त के प्रतीक मंजी (चारपाई) पर बैठता है। नाटक में धर्म और राजनीति का लोक विरोधी गठबंधन है, और दोनों चोर-चोर मौसेरे भाई।

नाटक के कुछ संवाद–

हवा में लटका एक पात्र : ये कत्ल कौन करवा रहा है?

खद्दरधारी : यह ज्ञानी करवा रहा है। और कौन करवाएगा?

पात्र : पुलिस सारी तुम्हारे पास है, तुम पकड़ते क्यों नहीं?

खद्दरधारी : पकड़ तो लें पर यह ज्ञानी उन्हें अपनी मंजी नीचे छिपा लेता है।

ज्ञानी : यह झूठा है। वे मंजी नीचे क्या हवा में उड़कर आ जाते हैं! ये कत्ल इनके ही बन्दे करते हैं। यह उन्हें पकड़ता नहीं और इल्ज़ाम मुझ पर लगाता है।

आतंकवाद के दिनों में लोग दबी ज़बान में जो कुछ कहते थे, गुरशरन सिंह ने उसे सार्वजनिक मंच पर खड़े होकर ऐलानिया कहा। अद्भुत निडरता और हिम्मत का प्रतीक वह 'सीस तली पर' धरकर गुरुगोबिन्द सिंह का सच्चा अनुयायी बना न कि भिंडरावाला-सा सिखी का छद्म रूप जिसने कहा था कि एक सिख के जिम्मे 35 हिन्दू आते हैं। गुरशरन सिंह न सत्ता से भयभीत हुआ न आतंकवादियों की एके 47 से।

नाटक में लटके हुए पाँच लोगों में बेरोजगार नौजवान, छँटनी किया मजदूर, एक महिला जिसकी बेटी की इज्ज़त लूटी गई, एक किसान और पाँचवा ढिलवाँ बस काँड का प्रत्यक्षदर्शी जब बस में से हिन्दुओं को निकालकर गोली का शिकार बनाया गया। इन लोगों की समस्याओं का 'कुर्सी' और 'मोर्चा' के पास कोई जवाब नहीं।

तभी तो एक पात्र को यह कह कर झूठा दिलासा दिया कि हम तुझे 'भाणा-मानना' सिखा देंगे (यानी भाग्य के सहारे छोड़ देंगे– 'तेरा भाणा मीठा लागै'– ईश्वर की रज़ा को अपनी रज़ा समझो)

गुरशरन सिंह ने कहा कि मैंने सिख धर्म या सिखों के विरुद्ध नाटक में कुछ भी नहीं कहा। मैंने अकालीदल की आलोचना की जो कि एक राजनीतिक पार्टी है। मैं राजनीतिक रंगकर्मी हूँ। यह मेरी रीति-नीति का हिस्सा है कि मैं राजनीतिक पार्टियों के कुकृत्यों पर उंगली उठाऊँ।

गुरशरन सिंह के समर्थन में अनेक लेखकों, संस्थाओं, अखबारों में बयान शाया हुए। नाटक के निदेशक जनमीत ने कहा– नाटक में कहीं भी धर्म शब्द का प्रयोग नहीं हुआ। एक भी शब्द सिख धर्म बारे नहीं बोला गया। संतोख सिंह धीर, तेजवंत मान आदि अनेक साहित्यकारों ने टोहड़ा के कदम का विरोध किया। प्रखर प्रतिक्रिया हुई रूपिन्दर माहित, जनरल सेक्रेटरी पंजाब विद्यार्थी यूनियन द्वारा-'शिक्षण संस्थाएँ और सभ्याचारक समागम टोहड़ा की जद्दी जायदाद नहीं...विद्यार्थियों को अपने विचार प्रकट करने का अधिकार है, वे श्री टोहड़ा की सोच के गुलाम नहीं हैं।' आठवाँ कालम, 'पंजाबी ट्रिब्यून' एक कदम और आगे था– 'एक था अयातुल्ला खुमैनी जिसने ईरान में इस्लामी हुकूमत कायम करने के बाद ऐलान किया कि जो सलमान रशदी लेखक का सिर कलम करेगा उसे लाखों का ईनाम दिया जाएगा। एक हैं हमारे जत्थेदार टोहड़ा साहब...उनके भीतर अयातुल्ला खुमैनी की रूह का वास हो गया है।' गुरशरन सिंह के धार्मिक नाटकों की भी आलोचना हुई। इनकी सफाई में उन्हें बहुत कुछ कहना पड़ा। उन्होंने तर्क जुटाए-मेरा उद्देश्य है लोगों को जागृत करना। जब मैं गाँव में गया तो मैंने पाया कि लोगों में तीन नायकों के प्रति बहुत श्रद्धा भाव है– गुरु नानक, गुरु गोविन्द सिंह, भगत सिंह। मैं इनके माध्यम से अपनी विचारधारा प्रकट करता हूँ– गुरुनानक के जरिए मलिक भागो का विरोध और भाई लालो का पक्ष लेने की सुविधा हो जाती है। गुरुगोविन्द सिंह के नाटक में मैं उनकी संघर्षशीलता को रेखांकित करता हूँ, कष्ट सहने की अद्वितीय क्षमता का बखान करता हूँ। भगत सिंह संबंधी नाटकों में भी यही सन्देश प्रसारित करना मेरा लक्ष्य है। मेरे किसी भी नाटक में सिक्खी का प्रचार नहीं है।

वास्तव में गुरशरन सिंह की चिन्तन धारा तथा समग्र सृजन के आलोक में उन्हें किसी भी धर्म के प्रचारक के रूप में देखना न्याय संगत नहीं है। लेकिन वे महसूस करते हैं कि धर्म के मुहावरे से सामाजिक सरोकारों और वाम विचारधारा को परोसना जटिल कार्य है। वे इसके प्रति भी सचेत है कि मंच पर घटित किसी भी सच को दर्शक अपने ढंग से ग्रहण करता है। नाटककार अपने पात्र के माध्यम से कुछ भी कहे, दर्शक अपनी परंपरागत सोच तथा पूर्वाग्रहों के आलोक में ही उसे स्वीकारता है। गुरुगोविन्द सिंह का जफरनामा कुछ लोगों ने दिल्ली सरकार के खिलाफ एक

दस्तावेज के रूप में स्वीकारा। इसी प्रकार उसके नाटक "किव कुड़ै उटै पालु" ने आपात काल के दौरान सकारात्मक भूमिका निभाई।

गुरशरन सिंह दुविधा में है– वह अपनी बात पंजाब के स्थापित नायकों-महापुरुषों के माध्यम से कहता है क्योंकि उनकी लोकप्रियता और श्रद्धा भाव की पृष्ठभूमि में दर्शकों का उन नायकों से भावानात्मक संबंध है। लेकिन गुरशरन सिंह विचार पक्ष से भावना का विस्थापन नहीं कर पाता। उसका विचारदर्शन या तो भावना के जाल में उलझ कर रह जाता है या भावना के गुरुभार के नीचे दम तोड़ देता है। फिर उसके सामने एक ही रास्ता बचा रहता है कि वह धर्म-प्रधान कथावस्तु का मोह त्यागे। इसके अलावा एक ओर तथ्य गुरशरन सिंह की मूल विचारधारा के लिए चुनौती बन कर खड़ा हो गया है जिससे उसकी वर्षों से स्थापित मान्यता के पाँव उखड़ गए हैं। गुरशरन सिंह ने स्वीकारा– सोवियत रूस की असफलता के बाद मैंने यह शिद्दत से महसूस किया कि केवल आर्थिकता नए इंसान को बनाने के लिए काफी नहीं है, समाज में घर कर गई अच्छी परम्पराओं को खारिज नहीं किया जा सकता। उन परम्पराओं में हमारे धार्मिक संस्कार भी शामिल हैं। उसकी मान्यता है कि नाटक 'सुखी बसै मसकीनियां' इसी सोच पर आधारित है। धार्मिक नाटक यदि साम्प्रदायिक भावना को भड़काता है तो त्याज्य है किन्तु अच्छा नागरिक बनने में सहायक है तो ग्राह्य। वह नहीं चाहता कि धार्मिक मुहावरे के सकारात्मक पक्ष को नकारा जाए। उसकी विचारधारा में आया यह परिवर्तन उसकी ईमानदारी का परिचायक है क्योंकि यह परिवर्तन किसी स्वार्थ के कारण नहीं उसके लम्बे अनुभव और प्रत्यक्ष जनसम्पर्क का प्रतिफल है। अनुभवजनित परिवर्तन हमारी विचारधारा के विकास क्रम का सूचक है न कि विचारधारा को अलविदा कहने की अलामत। कट्टर कम्युनिस्ट इसे संशोधनवाद कहकर नकारते हैं। कोई विचार जब समय, अनुभव, तर्क की कसौटी पर पूरा न उतरे तो उससे चिपके रहना कट्टरता है न कि उसे छोड़ना। कम्युनिस्टों में भी इस तरह के लोग हैं जो पुनरुत्थानवादियों की तरह कट्टर हैं। कट्टरतावाद वाम हो अथवा दक्षिण का, दोनों त्याज्य है। विचारधारा के इस मोड़ पर खड़े होकर वह हिन्दीं के लेखक हंसराज रहबर के हमसफर हो जाते हैं जिसने सात बार अपने विचार में परिवर्तन को स्वीकारा और विकास की एक से एक ऊँची सीढ़ी पर चढ़ता गया।

ऐतिहासिक एवं लोकधारा के नाटकों के चयन में गुरशरन सिंह अत्यंत सचेत रहे। उन्होंने उन पात्रों को चुना जो सामाजिक न्याय और संघर्ष का सन्देश देने में समर्थ है। उसने दुल्ला को मंच पर उतारा, रांझा या मिर्जा को नहीं। दुल्ला जुल्म के खिलाफ संघर्ष का प्रतीक है जबकि रांझा या मिर्ज़ा की छवि मात्र आशिक के रूप में है।

पलस मंच के कार्यक्रम को गुरशरन सिंह आधुनिक संवेदना का लोक थियेटर

मानते हैं। नाटक से पहले वे अक्सर किसी तात्कालिक मुद्दे पर एक प्रभावी भाषण देते हैं। जिन्होंने उन्हें सुना है उनका कहना है कि भाषण भी उनके नाटक से कम पुरअसर नहीं होता। उसमें दर्शक के दिलो दिमाग को झंझोड़ने की झंकार होती है। जरूरत पड़ने पर नाटक की कथावस्तु में भी भाषण का दखल रहता है। तब कुछ नकचढ़े आलोचकों के लिए यह असह्य हो उठता है। गुरशरन उन्हें तुर्की बतुर्की जवाब देते हैं– 'मेरा मिशन है समाज की कुरीतियों को दूर करना। जब कोई व्यक्ति किसी मिशन पर निकलता है तो वह उसकी रूपरेखा अपने ढंग से तय करता है। मुझे यह अजीब लगता है जब मेरे किसी नाटक को भाषण कह कर निपट दिया जाए। क्या शेक्सपीयर के नाटक जिनमें कोई पात्र अढ़ाई-तीन पृष्ठ लम्बा संवाद बोलता है, जिन्दगी का फलसफा बयान करता है भाषण नहीं? हमारे नाटककार हरसरन सिंह और घुम्मन के नाटकों में भी भाषण है। सवाल यह है कि वह भाषण सुना गया या नहीं। लोगों ने शोर तो नहीं किया? दर्शक उठकर तो नहीं चले गए? मैं अपनी अभिनय शैली में ही भाषण देता हूँ। भाषण में यदि नाटकीय पकड़ है तो वह भाषण भी नाटक है। यह कोई नुक्स नहीं।'

भाषण नाटक से पहले हो या बाद में या नाटक में गुँथा हुआ, दर्शक पूरी तन्मयता से गुरशरन सिंह को सुनते हैं। भाषण के दौरान तथ्यों की जानकारी देते हुए वह भावुक हो उठता है, कह सकते हैं नाटकीय हो जाता है। आक्रोश और दर्द भरी आवाज़ में सरकार को सम्बोधित सवालों को सुनकर दर्शक स्तब्ध हो सोचने पर विवश हो जाता है। वह पूछता है– मैं चण्डीगढ़ में रहता हूँ। वहाँ कितनी भी तेज बारिश हो, आधे घण्टे में पानी बह जाता है, सड़कें साफ-यातायात में कोई बाधा नहीं, दूसरी तरफ, बारिश के मौसम में गाँवों के रास्तों-गलियों में 20-30 दिन तक पानी नहीं सूखता। क्यों वहाँ गलियाँ पक्की नहीं है? क्यों पानी का निकास नहीं है? गाँव के हाशिए में बसा कमियों का बेहड़ा क्यों कीचड़-भरा है? क्यों वह रात के अंधेरे में डूबा रहता है? कहाँ है उसके हिस्से की बिजली? पंजाब सरकार ने ट्यूबवेलों को फ्री बिजली दे दी। इसका लाभ किसे हुआ? बादल परिवार को चौरासी हजार रुपये फायदा हुआ...जालंधर जिला में 42-43 ट्यूबवेलों वाले संघा फार्म को दो लाख से अधिक रुपये का मासिक लाभ हुआ। ऐसे अनेक परिवारों को क्या सरकार ने करोड़ों रुपये का लाभ नहीं पहुँचाया? उस राशि से गाँवों की गरीब बस्तियों में क्यों चिरागाँ नहीं हुआ? क्यों? उनका एक और प्रभावशाली भाषण भगत सिंह के शहीदी दिवस पर आयोजित कार्यक्रम से सम्बन्धित है। उस अवसर पर बजाए जा रहे एक रिकार्ड की पंक्ति 'मेरा लौंग गवाचा पिच्छे-पिच्छे लभदा आईं वे' उसके कान में पड़ी तो उसका खून खौल उठा, उसका चेहरा लाल हो गया। शेर की तरह दहाड़ते हुए कहा– 'भगतसिंह की कुर्बानी, जद्दोजहद, उसके विचार की व्याख्या और मर मिटने का जज़्बा पैदा करने की बजाए आज नौजवानों को यह पैगाम दे रहे हो कि वे लड़कियों

के पीछे-पीछे उनके खोए लौंग को ढूँढते फिरें जैसे उनके लिए अब कोई काम नहीं रह गया।'

भगतसिंह पर गुरशरन सिंह ने दो नाटक लिखे हैं– 'इन्कलाब जिन्दाबाद' और 'बुत जाग पेया'। वह भगत सिंह को महानायक के रूप में पेश करता है। गुरशरन सिंह के लिए– भगतसिंह एक क्रान्तिकारी विचारक है जिसने कहा था : 'यह बात प्रसिद्ध है कि मैं आतंककारी रहा हूँ परन्तु मैं आतंककारी नहीं हूँ। मैं एक क्रान्तिकारी हूँ जिसके कुछ निश्चित विचार हैं, निश्चित आदर्श हैं और जिसके सामने एक लम्बा प्रोग्राम है। पिस्तौल और बम इन्कलाब नहीं लाते बल्कि इन्कलाब की तलवार विचार की सान पर तेज़ होती है'। भगतसिंह आखिरी दम तक विचार की महत्ता को रेखांकित करते रहे। फाँसी से 20 दिन पूर्व अपने भाई कुलतार को उसने खत में लिखा था–

हवा में रहेगी मेरे ख्याल की बिजली,
ये मुश्ते ख़ाक है फानी, रहे न रहे।

गुरशरन सिंह की नज़र में–

भगतसिंह एक समाजवादी चिंतक है जिसने 1928 में 'हिन्दुस्तान प्रजातंत्र संघ' में 'समाजवादी' शब्द जोड़ कर इतिहास को ऐसा मोड़ देने का यत्न किया था जिसे यदि तत्कालीन राजनीतिक पार्टियों का समर्थन प्राप्त हो जाता तो देश 1947 में केवल राजनीतिक आजादी हासिल करके ही चुप न बैठ जाता। आर्थिक आत्मनिर्भरता और सामाजिक न्याय की प्राप्ति के लिए भी महत्वपूर्ण कदम उठाए गए होते। विदेशियों की गुलामी और अपने देश की सरकार द्वारा जनता पर थोपी गई समाजार्थिक गुलामी में विशेष अन्तर नहीं होता। दोनों हालतों में आम आदमी की स्थिति दयनीय होती है और एक बेहतर समाज की परिकल्पना आकाश कुसुम बनी रहती है। भगतसिंह ने कहा था– लोगों को यह महसूस करना होगा कि भावी क्रान्ति का अर्थ सिर्फ शासकों की तबदीली ही नहीं होगी। सबसे बढ़कर इसका अर्थ होगा–एक बिल्कुल नए ढाँचे पर एक नए राजतंत्र की स्थापना करना।

गुरशरन सिंह ने भगतसिंह के उक्त दोनों पक्षों को नाट्यरूप देने का प्रयत्न किया।

22-23 मार्च की सारी रात खटकड़ कलां में भगतसिंह की याद में नाटक-गीत-संगीत-भाषण होते। गुरशरन सिंह 11 वर्ष तक हर साल कार्यक्रम में भाग लेने पहुँचते रहे। ज्ञानसिंह संघा मंच संचालन करता, डेढ़-दो घण्टे भाषण देता। गुरशरन सिंह उसके संचालन और भाषणकला का प्रशंसक था। उसकी पीठ थपथपाते हुए कहता– तू डेढ़ घण्टे तक ड्रामा करता है, मेरा ड्रामा तो बीस मिनट का होता है। यदि नाटक ज्यादा लम्बा हो तो शायद लोग उकता जाएँ पर तेरे डेढ़ घण्टे के 'ड्रामे' से लोग नहीं ऊबते। सुनते है ऊँची गर्दन किए, वे क्यों सुनते हैं? तेरे पास

है एक हुनर, लोगों को बाँधे रखने की कला।

ज्ञान एक राजनीतिक कार्यकर्त्ता था। आतंकवादियों का जमकर विरोध करता। आखिर उनकी गोली का शिकार हो गया। गुरशरन सिंह ने सुना तो हार्दिक शोक व्यक्त करते हुए कहा– पंजाब में राजनीतिक तकरीर का जो मुहावरा ज्ञानसिंह संघा के पास था वह किसी और के पास नहीं है।

गुरशरन सिंह का हुस्न इस बात में है कि वे निष्ठावान सहकर्मियों-कार्यकर्ताओं की दिल खोलकर तारीफ करते हैं। अपने समकालीन रंगकर्मियों की प्रशंसा करते भी नहीं थकते-अजमेर औलख (मानसा), आत्मजीत (मोहाली) और केवल धालीवाल के रंगकर्म के प्रति पूरा सम्मान प्रकट करते हैं। कैनेडा प्रवास के दौरान आत्मजीत के नाटक 'कैमलूप्स दियाँ मच्छियाँ' की चर्चा सुनने को मिली तो खुश हुए। उसे एक अच्छी प्रोडक्शन कह कर सराहा।

हिन्दी साहित्य में कुछ ऐसे विख्यात रचनाकार हैं जो संकट की घड़ी में अपने लेखन कक्ष को छोड़कर बाहर आए। हिन्दी के प्रथम महाकाव्य पृथ्वीराज रासो के रचयिता कवि चन्दबरदाई कलम के साथ तलवार के भी धनी थे। युद्ध के समय अपने राजा के साथ वह भी युद्धभूमि में उतरा। वर्तमान में 1970 के दशक में जब जयप्रकाश नारायण ने सम्पूर्ण आज़ादी का आन्दोलन शुरू किया तो नागर्जुन तथा फणीश्वरनाथ रेणु सड़कों पर आ गए। गुरशरन सिंह उसी परम्परा के योद्धा लेखक-रंगकर्मी हैं। वे आपातकाल के दौरान 1975 में जेल गए, आतंकवाद में खाड़कुओं के गढ़ में जाकर नाटक करते रहे। आतंकवाद के विरोध में पंजाब में शान्ति की बहाली के लिए पीस मार्च में शामिल हुए। अपने आसपास किसी पर संकट आया तो उसकी सहायता के लिए रंगकर्म को विराम दिया–एक बार अमृतसर में अपने मोहल्ले की लड़की ने जो निकट के गाँव में ब्याही थी शादी के कुछ दिनों बाद ही कुएँ में छलांग लगाकर आत्महत्या कर ली। मामला दहेज का निकला। गुरशरन सिंह उस गाँव के नौजवान इन्कलाबी कार्यकर्ता बलदेव मान को साथ लेकर गाँव पहुँचे। इलाका के लोग भारी तादाद में गुरशरन भा जी की बात सुनने के लिए इकट्ठा हो गए। गुरशरन सिंह ने रोष भरे स्वर में उन्हें सम्बोधित किया–'हमारे अमृतसर की लड़की आपके गाँव में ब्याही गई थी। हमने लाड़ चाव से उसे आपके सुपुर्द किया, आपने उसे लाश बना दिया। आप चाहेंगे कि आपकी जो बेटियाँ ब्याही जाएँ वे कुएँ में छलांग लगा कर अपनी जान दे दें।'

लोगों का सिर शर्म से झुक गया। उन पर नाटकीय प्रभाव हुआ। तुरन्त उन्होंने लड़की के पति, ससुर और सारे परिवार का सोशल बायकाट कर दिया। गुरशरन सिंह की मौजूदगी में लड़की के भाई को दहेज का सारा सामान और इस्तेमाल की गई चीजों का मूल्य नकद अदा किया गया। पता चला कि घटना के तीसरे दिन लड़की के ससुर की दिल का दौरा पड़ने से मौत हो गई।

गुरशरन सिंह ने अपने नाटकों में बार-बार सामाजिक न्याय का मुद्दा उठाया है। उसे उन नौजवान हाथों की सदा चिन्ता रहती है जिन्हें काम नहीं मिलता। इस समस्या का हल सुझाते हुए वे संविधान में परिवर्तन की जरूरत महसूस करते हैं। वे कहते हैं कि हमारे संविधान में रोज़गार तथा समान अवसर का अधिकार मौलिक अधिकारों की सूची में दर्ज किया जाए।

गुरशरन भा जी दूरदर्शन पर जाकर भाई मन्ना सिंह बन गए। 17 किस्तों में प्रसारित यह धारावाहिक अत्यन्त लोकप्रिय हुआ। इसमें भ्रष्टाचार जैसी सामयिक समस्याओं को उठाया गया था। दूरदर्शन पर 'दास्ताने पंजाब' की पाँच कड़ियों की प्रस्तुति में गुरशरन सिंह ने आतंकवाद की त्रासदी को केन्द्र में रखा। इसमें 1980-90 के दशक में साम्प्रदायिकता की आग में झुलसते पंजाब का संताप है। हिन्दू-सिक्खों का सदियों से चला आ रहा पारिवारिक प्यार अविश्वास में बदल गया था। सत्ता के स्वार्थ ने जिस भिंडरावाला को जन्म दिया वह अपने जन्मदाताओं और सारे पंजाब के लिए अभिशाप बन गया। धर्म की आड़ में निरपराध का खून बहाना आम बात हो गई।

गुरशरन सिंह अपने नाटक 'दास्ताने पंजाब' में आतंकवाद का मुकाबला करने के लिए लोगों से इकट्ठा होने की अपील करता है। नाटक के अंत में दोनों सम्प्रदायों के लोगों से प्रश्न किया गया है– क्या तुम यह सब खामोश दर्शकों की तरह देखते रहोगे या मौत की इस दास्तान को मिल कर समाप्त करोगे। यह मेरा सवाल है जवाब तुम्हें देना है।

28 फरवरी 2000 को गुरशरन सिंह अपने तीन नाटकों की प्रस्तुति करने सिरसा आए। इनमें एक नाटक सिरसा के पंजाबी लेखक रामसरूप रिखी के उपन्यास 'दीवा बुझिया नहीं' पर आधारित था।

बिश्नोई धर्मशाला में उनसे भेंट हुई। उनके लेखन और रंगकर्म की चर्चा के दौरान पूछा कि आपके शताधिक नाटकों में से यदि चार का चयन करना हो तो आप किन्हें चुनेंगे। कुछ सोचकर उन्होंने निम्न चार नाटकों के नाम लिए–

घुम्मन घेरी, धमक नगारे दी, नवां जमाना, मुंशीखान

—और इन चारों में से एक चुनना हो तो?

—'मुंशीखान', थोड़ा रुककर कहा।

और 'मुंशीखान' नाटक का सार-संक्षेप सुनाने लगे–

'1947 में विभाजन के कारण लाखों हिन्दू-सिक्ख-मुसलमानों की मार काट और मानवीय अत्याचार विश्व इतिहास की हौलनाक घटनाओं में एक है। खुशवंत सिंह का उपन्यास 'ट्रेन टू पाकिस्तान' भीष्म साहनी का 'तमस' और सआदत हसन मंटो की कहानी 'टोबा टेक सिंह' विभाजन पर लिखी क्लासिक कृतियाँ हैं। 'मुंशीखान' का कथानक भी भारत-पाक बँटवारे से संबंधित है। यह पंजाबी कवि

जोगासिंह की एक कविता का नाट्य रूपांतरण है। बंटवारे के समय मुंशीखान पाकिस्तान नहीं गया। गाँव वालों के अनुरोध पर हिन्दुस्तान में ही रह गया। कुछ कट्टरवादियों के कारण उसका नाम 'सज्जन सिंह' रखा गया। बरसों से जिस घर परिवार की नौकरी करता था अब उसमें देवा और जसबीर की मल्कीयत थी। वे उसके साथ अच्छा व्यवहार नहीं करते थे। देवा का छोटा भाई जोगा और रिटायर्ड फौजी सूबेदार मुंशीखान के हिमायती हैं। मुंशीखान की मौत के समय विवाद उठ खड़ा होता है कि उसे दफनाया जाए या उसका दाह संस्कार किया जाए। जोगा और सूबेदार उसके दफन के हक में हैं जबकि ज्ञानी हजारा सिंह जिसने उसे जबरदस्ती 'सज्जन सिंह' बनाया था और जिसने बँटवारे के समय 14 मासूम बच्चों की हत्या से अपने हाथ रंगे थे, दाह संस्कार की ज़िद करता है। लेकिन सूबेदार की हुंकारभरी चुनौती के आगे ज्ञानी को साँप सूँघ जाता है। आखिर मुंशीखान की अंतिम इच्छा के अनुसार उसका जनाज़ा निकलता है और उसे दफ़न किया जाता है।

'मुंशीखान के एक संवाद में साम्प्रदायिकता का क्रूर चेहरा अयां होता है—'मज़हबी अंधेरी जब चलती है तो बड़े-बड़े अपना होश गवाँ देते हैं। उस समय आदमी आदमी नहीं रहता। हिंदू बन जाता है, मुसलमान बन जाता है, सिक्ख बन जाता है।'

'विभाजन की भयावहता और मानवीय संवेदनाओं ने नाटक को चरम पर पहुँचा दिया। दर्शकों ने पात्रों के अभिनय की बेहद प्रशंसा की। कविता के सफल नाट्य रूपांतर से मुझे भी संतोष हुआ।'

एक साक्षात्कार में गुरशरन सिंह ने अभिव्यक्ति की आज़ादी के विषय में दो टूक टिप्पणी की थी। उसी सन्दर्भ में बात चली तो अपने अभिमत को दोहराते हुए बोले-देश-विदेश में जहाँ भी विचार की आज़ादी पर पाबंदी लगाई गई, मैंने उसका विरोध किया। विचार की आज़ादी के पहले-पीछे 'यदि' नहीं लगाया जा सकता। विचार की आज़ादी का मतलब है विचार की आज़ादी। यदि आप किसी से सहमत नहीं हैं तो उसके जवाब में अपना मत प्रस्तुत करें। फ्रांस की क्रान्ति की मिसाल दी जा सकती है—क्रान्तिकारियों ने दोस्त और दुश्मन दोनों के विरोधी स्वर का जवाब दिया। विचार की आज़ादी सारी दुनिया में एक सम्मानित जीवन मूल्य है। यह अधिकार किसी को नहीं है कि आप वक्ता के शब्द उसके गले में ही दबा दें। हमें यह बात मान लेनी चाहिए कि साम्यवादी शासनकाल में गलतियाँ हुई हैं। उस दौरान किसी भी लेखक पर लगाए गए प्रतिबंध की भूल को स्वीकार करते हुए उन्हें अपनी गलती का एतराफ करना चाहिए। बाजारू या लचर साहित्य का विरोध भी गलत है। इस प्रकार के साहित्य को जो कल्चर ताकत देती है हमें उसका मुकाबला करना चाहिए, अपने तर्क से। इसलिए अभिव्यक्ति की आज़ादी को मैं एब्सोल्यूट मानता हूँ। इसके साथ कोई 'इफ्स' और 'बट्स' नहीं लगाए जा सकते। पाबंदी की सूरत

में समाज यथास्थितिवाद और जड़ता का शिकार हो जाता है। आज हम किसी पर पाबंदी लगाते हैं तो कल वह हम पर पाबंदी लगा सकता है। जिसका विरोध करने के लिए हमारे पास कोई तर्क नहीं होगा। तसलीमा नसरीन की आज़ादी की हिमायत में 'औरत' नाटक मैंने उसी के नाम समर्पित किया है।

तोल्सताय का 'युद्ध और शान्ति' तथा प्रेमचन्द का 'गोदान' आलोचकों की दृष्टि में एपिक उपन्यास हैं। गुरशरन सिंह का समग्र नाट्य लेखन भी महाकाव्यात्मक है– जहाँ उसके कुछेक नाटकों में गुरु नानक, गुरु गोविन्द सिंह, दुल्ला भट्टी और भगत सिंह जैसे महानायक हैं, वहाँ शिब्बू (नवां जन्म) और मुंशीखान भी हैं। जो 'गोदान' के होरी की तरह अनायक जैसे नायक हैं। असहाय और विपन्न होते हुए भी वे अपनी संवेदनशीलता नहीं खोते और इन्सानियत की विरासत बनाए रखते हैं। उनमें कुछ ऐसा दिखाई देता है कि साधारण की महानता का अनुभव किया जा सके। गुरशरन सिंह के अनेक पात्रों में 'साधारण की महानता' देखी जा सकती है। गुरशरन सिंह अनायक को नायक बनाने की कला में माहिर हैं। परम्परागत मूल्यों तथा प्रगतिशील विचार के नवोन्मेष से प्रभावित गुरशरन सिंह के साधारण पात्र उसके हर नाटक में नायकत्व का स्थान ग्रहण कर लेते हैं।

रंगकर्म के अतिरिक्त गुरशरन सिंह के दो महत्वपूर्ण काम हैं– पत्रिका प्रकाशन तथा हमख्याल लेखकों की कृतियों का प्रकाशन एवं विक्रय। 'सरदल' और 'समता' पत्रिकाओं से उनके विचारों को स्थायी रूप में सुरक्षित रखने का कार्य सम्पन्न हुआ है। 'बलराज साहनी यादगार प्रकाशन' से प्रगतिशील सृजन में वृद्धि हुई है। अवतार सिंह पाश का काव्य संग्रह 'लोककथा' इस प्रकाशन की पहली पुस्तक थी। अब तक 200 पुस्तकें प्रकाशित हो चुकी हैं।

1989 में गुरशरन सिंह चंडीगढ़ आ गए थे। वहीं से देश भर में नाटक करने जाते हैं। वर्ष में औसतन 200 पेशकारियाँ देते हैं। पुस्तकों का मुद्रण-विक्रय, पलस मंच की सरपरस्ती, 'साहित चिंतन' संस्था की निगहबानी की निरंतर व्यस्तता... गुरशरन एक पुराख्यान नायक बन गए हैं। कृतज्ञ समाज ने उन्हें लिविंग लिजेंड कह कर पूजा की हद तक प्यार किया है। देश की अनेक सामाजिक-सांस्कृतिक तथा सरकारी संस्थाओं ने उसके विराट व्यक्तित्व तथा शताधिक नाटकों और डेढ़ दर्जन पुस्तकों के सार्थक सृजन को सम्मानित-पुरस्कृत किया– मध्यप्रदेश सरकार ने देश का सर्वोच्च नाटक सम्मान 'कालिदास पुरस्कार-2003' प्रदान किया। सौ से अधिक पुरस्कारों की सूची में भारत सरकार का 'संगीत-नाटक अकादमी पुरस्कार' (1993) तथा पंजाब भाषा विभाग का 'शिरोमणि नाटककार' अवार्ड भी शामिल हैं।

'दीवा बुझ गया' से 'दीवा बुझिया नहीं' तक 130 नाटकों के लेखक-निर्माता-निर्देशक-अदाकार गुरशरन सिंह का नाट्य सफर 50 वर्षों से जारी है। थियेटर से जुड़ी अंग्रेजी की एक कहावत है– द शो मस्ट गो ऑन।

यानी देश के पुरोधा रंगकर्मी के नाटक का शो होना ही चाहिए। पचास वर्ष पूर्व जिस वैज्ञानिक ने सतलुज का रुख मोड़ा था वह रंगकर्म के लम्बे रास्ते पर गामज़न है—

ताकि समाज को विकास की सही दिशा में मोड़ा जा सके!

“मेरा ‘पतल चम्मा’ होना ही मेरे लेखन का कारण बना। कुछ लोग पतले चमड़े की भैंस की तरह होते हैं जिनके लाठी लगने से दाग पड़ जाता है, पीड़ा तो अधिक होती ही है। यह गुण सभी लेखकों-कलाकारों में होना आवश्यक है।”

– गुरदयाल सिंह

गुरदयाल सिंह : क्या जानूँ मैं कौन

सन् 2000 के जून का पहला सप्ताह। हम—बेटी शमीम और मैं—गुरदयाल सिंह के कस्बे जैतो पहुँचे। शाम होते-होते तपते मौसम और धूल भरी हवाओं में अचानक बदलाव आ गया। उनके घर तक जाने पर हल्के बादल घिर आए और कुछ छींटे पड़ने लगे। परिचय और औपचारिक बातचीत के बाद शमीम ने वीडियो कैमरा ऑन किया। वह इस मुलाकात पर हिसार सिटी चैनल के लिए डोक्यूमैंटरी बनाने की तैयारी में थी। साफ सुथरे घर में पंजाबी जन जीवन के चार-पाँच चित्र टंगे थे। वातावरण में स्नेहभरी शांति थी। लगता था गुरदयाल सिंह का शांत-सरल स्वभाव घर में हर तरफ फैला हुआ है। कुछ दिन पहले उन्हें ज्ञानपीठ पुरस्कार दिए जाने की घोषणा हुई थी। उसी संदर्भ में बातचीत शुरू हुई।

— आपने कहा है कि यह पुरस्कार मुझे नहीं पंजाबी भाषा को मिला है। हम इसे हिन्दी के सम्मान के रूप में भी देख रहे हैं। आपको हिन्दी समालोचकों तथा संपादकों ने जिस जिम्मेवारी से प्रकाशित/प्रसारित किया उससे गुरदयाल सिंह हिन्दी पाठकों के लिए एक सुपरिचित नाम है।

— 'निस्संदेह मेरी कृतियों की लोकप्रियता के पीछे हिंदी आलोचकों का बहुत बड़ा हाथ है। मुझे इस बात से भी संतोष है कि अपनी रचनाओं का हिंदी अनुवाद मैंने स्वयं किया है। इसलिए मूल कृति का साहित्यिक एवं सांस्कृतिक वैभव सुरक्षित है। दोनों भाषाएँ न केवल एक दूसरे के निकट आई हैं बल्कि घुल मिल गई हैं।'

अपने लेखन और विचारधारा की पृष्ठभूमि की चर्चा के दौरान कहा— 'मुझे एक लेखक मित्र ने सुझाव दिया कि मैं हल्काफुल्का साहित्य न पढ़कर क्लासिक रचनाएँ पढ़ूँ, इसलिए मैंने श्रेष्ठ भारतीय साहित्य के अलावा रूसी तथा अंग्रेजी लेखकों की कृतियाँ भी पढ़ीं। मार्क्स की 'दास कैपीटल' भी पढ़ी, बहुत समझ नहीं आई। लेकिन मार्क्सवाद से मैं प्रभावित हूँ। समाज में आज भी शोषण और असमानता की बढ़ती खाई हर विवेकशील लेखक की चिंता का विषय है। वैश्वीकरण के बहाने अब एक देश सारी दुनिया को अपने ढंग से चलाए, नकली जरूरतें पैदा करके खुले बाजार की बात करे तो गरीब देश मुकाबले में कहा ठहरेंगे। उनका आर्थिक शोषण होगा ही।'

—उनके उपन्यासों में क्या कोई ऐसा पात्र है जिसे गुरदयाल सिंह का प्रतिरूप

या प्रतिनिधि कहा जा सके?

— 'उपन्यास 'परसा' के नायक के विषय में कहा जाता है कि मैं उसमें किसी न किसी रूप में हूँ। दरअसल परसा ऐसा पात्र है जिसमें एकाधिक व्यक्तियों का चरित्र शामिल है। उसमें दस प्रतिशत मैं भी हूँ।' लेखक के सरोकार के विषय में बोले —'साहित्य की क्लासिक कृतियों के अध्ययन से समाज में गहरे झाँकने की समझ विकसित हुई। साहित्य का एक सामाजिक दायित्व है। समाज के ताने बाने में टूटन, मानवीय रिश्तों में आई दरारें और जीवन मूल्यों का ह्रास समाज की सतही सूरत के पीछे की असलियत को उजागर करते हैं। लेखक उसे पहचाने और समझे।'

दृष्टि संपन्नता के इस ज़ाविए ने गुरदयाल सिंह को बाह्य घटनाओं के आंतरिक अनुभव से लैस किया। इधर साहित्य में पश्चिम से आयातित उत्तर आधुनिकता का शोर है। गुरदयाल सिंह इस विषय में बहुत साफ हैं— 'पश्चिम की रौशनी में हम यहाँ के समाज को नहीं देख सकते। हमारे समाज की समस्याएँ अलग हैं। हमारे साहित्य के केन्द्र में उन्हीं समस्याओं का होना जरूरी है। यदि हमारी रचनाओं में उनका उल्लेख नहीं होगा तो न केवल वे अविश्वसनीय होंगी, पाठक से उनका भावनात्मक लगाव भी नहीं हो पाएगा।' थोड़ा रुक कर बोले— 'पश्चिम में स्त्री-पुरुष के सेक्स संबंधों को उछाला जा रहा है।'

सेक्स हमारी मूलभूत सहजप्रवृत्ति है। इसे नकारा नहीं जा सकता।

— 'मैं नकारने की बात नहीं कहता। फ्रायड ने जीवन की हर गतिविधि को कामप्रेरित माना। किन्तु उसकी यह अवधारणा आज निरस्त हो चुकी है। सेक्स ही सब कुछ नहीं है। इसकी इतनी ही भूमिका है कि मनुष्य जाति चलती रहे।'

बातचीत के दौरान गुरदयाल सिंह की पत्नी बलवंत कौर और बेटी मनजीती चायपानी देने के लिए आती जाती रहीं। ज्ञानपीठ मिलने की खुशी परिवार के सदस्यों के चेहरों से भी पढ़ी जा सकती थी। बलवंत कौर की चुप्पी कह रही थी—पुरस्कार की खबर वाले दिन हमने मीठी सेवियाँ बनाई थीं। आज आपके लिए बनाई हैं और सेवियों की प्लेटें हमारे सामने रखी जाने लगी।

— क्या ज्ञानपीठ की सूचना आधिकारिक घोषणा से पहले आपको मालूम थी?

— ज्ञानपीठ की सूचना तो पिछले चार साल से मिल रही थी। मेरा नाम हर साल सूची में सबसे ऊपर होता था लेकिन निर्णय के अंतिम क्षणों में कट जाता था। गुरदयाल सिंह के चेहरे पर बच्चे की सी मुस्कान उभरती है।

शमीम शर्मा विराम का संकेत करती है। हम पंजाबी के मूर्धन्य कथाशिल्पी से विदा लेते हैं। हम गुरदयाल सिंह से विदा तो हो आए हैं पर एक गुरदयाल सिंह हमारे साथ-साथ चल रहा है। हम उसके जीवन और रचना-कौशल के विषय में बहुत कुछ जानने के उत्सुक हैं। उससे पूछते हैं तो कहता है—क्या जानूं मैं कौन! हाँ, यही शीर्षक है हिन्दी में प्रकाशित उसकी आत्मकथा का। सूफी कवि बुल्लेशाह की काफी

की पंक्ति है—बुल्लिया की जाणां मैं कौण। बुल्लेशाह धर्मों-मज़हबों से ऊपर उठकर अध्यात्म की रहस्यमयता में अपने को ढूँढना चाह रहा है, गुरदयाल सिंह यथार्थ की धरती पर खड़े होकर पारिवारिक, सामाजिक और अपने सभ्याचारक परिवेश में स्वयं को पहचानना चाहता है। गुरदयाल सिंह की तलाश में दार्शनिकता की बजाए प्रश्नात्मकता है—वह सीधे सवाल करता है, व्यवस्था से, समाज से। अलग बात है कि उसे अपने प्रश्नों के उत्तर नहीं मिलते। लेकिन उन प्रश्नों से उत्तर के रास्ते खुलते हैं क्योंकि उनमें विचारोत्तेजकता है, छटपटाहट है। साहित्य की रचनाशीलता की यही ताकत है और यही सीमा। उससे निकलती सवालों की चिंगारियाँ फुलझड़ी की तरह क्षणिक तमाशा न होकर दूरगामी और देरव्यापी रोशनी की लकीरें छोड़ जाती हैं।

गुरदयाल सिंह का पहला उपन्यास 'मढ़ी का दीवा' पंजाबी की एह कहावत से खुलता है—

बंदिया तेरियाँ दस देहियाँ
इक्को गई विहा, नौ किधर गइयाँ?

यह प्रश्न गुरदयाल सिंह का पीछा आज तक कर रहा है। एक भेंट में उनसे इस कहावत का अर्थ जानना चाहा तो बोले— (तब तक उनकी आत्मकथा प्रकाशित नहीं हुई थी जिसमें उक्त कहावत की व्याखया की गई है)— हिन्दी पाठक ही नहीं, पंजाबी वाले भी इसकी तशरीह चाहते हैं। वैदिक संस्कृति में मनुष्य की आयु सौ बर्ष की आँकी गई है। जिसमें चार आश्रम माने गए हैं—ब्रह्मचर्य, गृहस्थ, वानप्रस्थ, संन्यास। उसी तरह हमारे गाँवों के जनमानस में जीवन को दस भागों में बाँटा गया है। यानी जीवन के दसियों रंग हैं। ('मढ़ी का दीवा' के नायक जगसीर का जीवन इस सब रंगों से वंचित है। उसने केवल एकरस ज़िंदगी भोगी—अभाव और जीतोड़ मेहनत की ज़िंदगी।) आत्मकथा में इसी व्याख्या को आगे बढ़ाते हुए कहा गया है कि 'इस पंजाबी लोकोक्ति में दस-दस साल के दस भाग मानकर जीवन यथार्थ पर टिप्पणी की गई है, जैसे दस साल का बच्चा, बीस साल में जवान और तीस साल में प्रौढ़ हो जाता है, उसी तरह जीवन में सभी क्षेत्रों में दस बार परिवर्तन होना चाहिए। परन्तु अधिकतर लोग एक ही तरह का जीवन जी कर चले जाते हैं। उनका नौ प्रकार का जीवन कहाँ चला जाता है? यह प्रश्न लोग किससे पूछते हैं? क्यों पूछते हैं? इसका उत्तर लोकोक्ति में नहीं मिलता। ना हो लोकोक्ति में। किन्तु गुरदयाल सिंह के जीवन में है इसका उत्तर। वह विद्यार्थी के साथ-साथ तिरखान-लुहार बना, दिहाड़ीदार से स्कूल मास्टर, स्कूल मास्टर से कालिज लेक्चरर और फिर यूनीवर्सिटी में प्रोफ़ेसर। इस बीच उसने कलम भी उठाई जिससे शोहरत की सीढ़ियाँ चढ़ते-चढ़ते पद्मश्री एवं ज्ञानपीठ की ऊँचाइयों पर कदम रखा। यानी जीवन के अनेक रंग उसने देखे। अपनी प्रतिभा और परिश्रम के बलबूते!

गुरदयाल सिंह का जन्म श्रीमती निहाल कौर और सरदार जगतसिंह के घर 1933 में ननिहाल के गाँव भैणी फतेह (जिला संगरूर-पंजाब) में हुआ जो उसके पैतृक कस्बे जैतो (तत्कालीन रियास्त जींद में, अब जिला फरीदकोट-पंजाब) से करीब 75 कि.मी. दूरी पर है।

डेढ़ दो साल के गुरदयाल को सोकड़े की बीमारी लगी तो सारे शरीर पर झुर्रियाँ पड़ गईं और रंग तवे जैसा काला हो गया, सिर के सभी बाल झड़ गए। डाक्टर–वैद्य हार गए तो एक साधु ने इलाज सुझाया कि किसी मरे हुए सांप पर बिठा कर सात कुओं के पानी से यदि बच्चे को नहलाया जाए तो ठीक हो जाएगा। शर्त यह भी थी कि सांप या तो खुद मरा हो या किसी और ने मार दिया हो, घर के किसी सदस्य ने न मारा हो। इस 'स्नान' से और डेढ़-दो महीने साधु द्वारा दी गई औषधि के सेवन से गुरदयाल को नया जीवन मिल गया– पहले जैसा 'गोरा-चिट्टा गोल चेहरा' निखर आया। (अब कौन करे उस स्नान की वैज्ञानिकता की खोज और दवाई क्या थी यह जानना भी असंभव!)

उसके बचपन के खेलकूद 'शक्कर भिज्जी', 'डंडा डुक', 'बारा बीटी' जोहड़ में भैंसों को नहलाना इत्यादि थे जिनमें कोई भी ऐसा खेल नहीं था जिसके लिए बाजार से कुछ खरीदना पड़े। कुछ दिन घर से बहाना बना कर दोस्तों के साथ भटिंडा जाकर फिल्म देखने का शौक रहा। लेकिन गुरदयाल इतना संवदेनशील था कि फिल्म में नायिका द्वारा रोने के अभिनय पर आँसू बहाने लगा। साथियों को पता चला तो सबने बाद में उसका मज़ाक उड़ाया। वह इसे सहन न कर सका और उसने फिल्म न देखने की कसम खा ली।

गुरदयाल के बाल्य जीवन में बहुत कुछ साधारण है जो उस ज़माने में अनेक बालकों-किशोरों ने देखा–भोगा हो किंतु कुछ असाधारण घटनाएँ भी हैं जिनसे उसके अतिसंवेदनशील होने, अत्यंत अध्यवसायी और संघर्षशील होकर आगे बढ़ने, अनुभव और तर्क के आधार पर रस्मों की जकड़न से निजात हासिल करने के संकेत हैं। वह जीवन के नए रास्तों पर चला। इसी कारण कालांतर में उसके विपुल साहित्य-सृजन में सहज मौलिकता का संचार हुआ। 'सग्गी फुल' और 'घर और रास्ता' जैसी सशक्त कृतियों में भोगे यथार्थ की प्रामाणिकता और अभिव्यक्ति की चित्रात्मकता दिखाई दी। अभावों ने उसे ऊर्जा दी तो कष्टों ने साहसिकता। और दोनों ने साहित्य सृजन की प्रेरणा।

मुहम्मद बूटा को गुरदयाल सिंह ने अपना पहला उस्ताद कहा है। वह 'घर और रास्ता' का नायक भी है। बूटा प्रजामंडल का कार्यकर्ता और स्थानीय इकाई का सचिव था। (प्रजामंडल पंजाब की तत्कालीन देसी रियासतों की सक्रिय राजनीतिक पार्टी थी जो कांग्रेस का ही भाग थी।) वह साथ की दूसरी गली में रहता था। घर के एक हिस्से में कोल्हू था जिसे वह बैल जोतकर चलाता। गुरदयाल अपने छोटे भाई माघी के साथ

बूटे के घर एक-दो बार जरूर जाता। दोनों भाई कोल्हू की गाधी पर बैठ कर 'ठूहने' लेते। सर्दी में सरासों की जगह तिल की पिराई होती तो तिल की 'खली' खाने में उन्हें रेवड़ियों जैसा स्वाद आता।

प्रजामंडल के लोग जुलूस निकालते और अंग्रेजों को देश से निकालने की बातें करते। गुरदयाल को नौ बरस की उम्र में इन बातों की क्या समझ होती। अंग्रेज कहाँ थे। उन्हें ये लोग कहाँ भगाना चाहते थे। कुछ बड़ी उम्र के लड़के बताते कि उन्होंने बटिंडा से लाहौर जाने वाली स्पैशल गाड़ी में अंग्रेज देखे हैं। वे चलती गाड़ी से बिस्कुटों के छोटे पैकिट फेंकते और जब लड़के उन्हें उठाने भागते तो वे उन पर बर्फ के टुकड़े दे मारते।

बूटा के कहने पर गुरदयाल ने अखबारों से राजसी नेताओं की तस्वीरें काट कर एक चार्ट पर चिपका ली थीं। उन तस्वीरों को बूटा ने देखा तो खुश हुआ। तस्वीरों में थे गाँधी, राजेन्द्र प्रसाद, अबुल कलाम आज़ाद, सरहदी गाँधी आदि जिनके बारे में बूटा ने बहुत कुछ बताया। उसने उन नौजवानों की कहानियाँ भी सुनाई जिन्होंने देश पर प्राण न्यौछावर करने के लिए फाँसी के फंदे चूमे। गुरदयाल को ये बातें समझ में न आती...वह पूछता तो बूटा बहुत प्यार से उसे समझाने लगता। बूटा ऐसा उस्ताद था जो 'मेरे किसी भी प्रश्न का उत्तर देकर मेरी जिज्ञासा संतुष्ट कर सकता था। यह वह जमाना था जब स्कूल के सबसे होशियार विद्यार्थी भी किसी मास्टर से कोई सवाल पूछने का साहस न कर सकते थे। इसी कारण हैडमास्टर शर्मा जी के बाद बूटा ही मुझे उस्ताद लगने लगा था जिससे जो बात चाहूँ बिना झिझक पूछ सकता था।'

उन दिनों देश का विभाजन सिर पर था। 1947 के सांप्रदायिक दंगे शुरू हो गए थे। उन दंगों का शिकार हुए लोग जब जैतो पहुँचे तो बदले की भावना से उबलते हुए वे यहाँ कि मुसलमानों पर टूट पड़े। मंडी के कुछ मनचले भी उनके साथ हो लिए। बूटा परिवार सहित अपने एक मित्र के घर जा छुपा। तीन दिन बाद वहअपने भूखे-प्यासे बैल की सुध लेने शाम के अंधेरे में घर से निकला तो मित्र ने उसे रोका। लेकिन वह फटा पुराना कम्बल ओढ़ कर आने को छिपाता हुआ गली में आ गया। दुर्भाग्य कि किसी ने उसे पहचान लिया। तभी तीन चार व्यक्ति गंडासे-तलवारें लिए आ पहुँचे और गुरदयाल के घर के निकट घेर कर उसके टुकड़े कर दिए 'जैसे कसाई बकरे की बोटियाँ काटता है।' एक इंसान एक भूखे-प्यासे पशु की जान बचाने निकला था किंतु चार मानव-पशुओं ने उसकी जान ले ली। गुरदयाल उन दिनों कसौली गया हुआ था। लौटकर उसने बूटा की निर्मम हत्या की घटना सुनी तो कई रातें उसने जागकर बिताईं।

14-15 साल की उम्र में उसे कई दिन बुखार आया। डाक्टरों ने टी.वी की बीमारी बता दी। पिता को सुझाव दिया गया कि वह उसे पहाड़ पर ले जाए। वहाँ

की जलवायु औषधि का काम करेगी। चाचा (गुरदयाल सिंह अपने पिता को चाचा कहता था) उसे कसौली ले गया। अपने एक तरखान मित्र की देख रेख में छोड़कर वह तीन-चार दिन बाद वापिस आ गया। इतनी साधन संपन्नता नहीं थी कि गुरदयाल वहाँ स्वास्थ्य लाभ के लिए आराम करता। उसे तो वहाँ रहते हुए अपने गुज़ारे के लिए तिरखानी की दिहाड़ी भी करनी पड़ती थी।

बचपन में गुरदयाल अपने सुंदर नैन-नक्श पर यूनानी देवता नारसिसस की तरह मुग्ध रहा। इसका उल्लेख उसने स्वयं तथा अपने हमजोली बशीरा के माध्यम से किया है– कसौली में उसका हमउम्र प्रीतम और वह एक साथ कोठियों में फर्नीचर की मरम्मत का काम करते। 'प्रीतम कद का छोटा, चेहरा हांडी जैसा और एक आँख बचपन से ही खराब होने के कारण उसके मन में हीन भाव था।' वह गुरदयाल के 'गोरे रंग, चमकीली आँखें, लाल सुर्ख होंठ, लंबी-तीखी नाक, छरहरे बदन और लंबे कद के कारण मन ही मन उससे चिढ़ता था। बशीरा उसी दिन से उनका मित्र था जब वह कसौली में काम करने लगे थे। वह प्रीतम की उम्र का सुंदर नौजवान था। कद गुरदयाल से भी कुछ ऊँचा। उस जैसी उसकी अम्मी, सुंदर और हँसमुख। प्रीतम और गुरदयाल घर जाते तो कुछ खए-पीए बिना घर से लौटने नहीं देती थी। जब 'बेटा' या 'पुत्तर' कहती तो अपनी माँ जैसी लगती थी।'

प्रीतम और बशीरे में नोकझोंक रहती। हँसी-मसखरी में हाथापाई भी होती। बशीरा प्रीतम को नीचे गिरा देता और गुरदयाल को आलिंगन में लेकर मुस्कराते हुए कहता–'देख ओये लक्कड़बग्घे, हमारा साथी तो यह है। देख है न मेमों जैसा। अल्लाह की कसम, गुरदयाल अगर तू लड़की होता तो मैं तेरे साथ निकाह कर लेता–चाहे तो तू हिन्दू होती या ईसाई! तुझे नहीं छोड़ता।' और वह गुरदयाल का मुँह चूम लेता। गुरदयाल को यह हरकत अच्छी लगती किंतु परम्परागत संस्कारों के कारण यह अहसास भी होता कि उसका शरीर अपवित्र हो गया है क्योंकि मुसलमानों को तब अछूत समझा जाता था। फिर उस पर अपने पहले उस्ताद बूटा और हेड्मास्टर मदन मोहन शर्मा के प्रभाव हावी हो जाते जो कहा करते कि सभी लोग खुदा के बनाए हैं। इंसान सभी एक हैं। शर्मा जी तो यहाँ तक तर्क देते कि मजहब के कारण लोग अलग-अलग होते तो खुदा अलग-अलग मजहब के लोगों की शक्लें भी अलग बनाता। हिंदू के तीन आँखें लगा देता और मुसलमान के तीन कान।

'बशीरा सचमुच ही मुझे इतना चाहता था जितना कोई जवान लड़का अपनी प्रेमिका को चाहता है। जब आलिंगन में भर लेता तो बाहें इतनी न भींचता कि मेरी साँस ही रुकने लगे। वह शायद मेरे मन की दुविधा के बारे में भी सोचता था। तभी मुँह चूमने के बाद अपने गोरे, मुलायम और मेरे से कुछ बड़े हाथ से मेरी गाल सहलाते कहता–'अरे पंडित कुछ नहीं हुआ। बल्कि तेरा गोरा चेहरा और सुंदर लगने लगा है। मैंने 'गंगाजल'से धो दिया।'

उन्हीं दिनों देश के विभाजन की खबरें गर्म थीं। कसौली में लाहौर और पश्चिमी पंजाब से आए लोग मारकाट की खबरें फैला रहे थे। रात को लोग इकट्ठा होकर देखते तो पहाड़ों के नीचे अनेक जगहों पर आग दिखाई देती। एक रात सारा कसौली शहर सड़कों पर आ गया। आधी रात का वक्त, लोग आग आग चिल्ला रहे थे। प्रीतम जाग गया। गुरदयाल पहले से ही जागा हुआ था। वह प्रीतम को साथ लेकर बशीरे के घर की तरफ चल पड़े। घर पहुँच कर देखा तो वहाँ कोई नहीं था। घर का सारा सामान ज्यों का त्यों, कुछ कपड़े इधर-उधर बिखरे हुए। लगता था जैसे भरापूरा घर छोड़कर अभी अभी परिवार के सब लोग कहीं चले गए हैं। गुरदयाल की छाती धकधक करने लगी और आँखें फटी की फटी रह गईं।

विभाजन के 50 बर्ष बाद एक कार्यक्रम में इलियास घुम्मन को बोलते हुए सुना तो गुरदयाल सिंह को बशीरा याद आया। गुरदयाल सिंह को उसका चेहरा बशीरे जैसा लगा और वह बेचैन हो उठा। बार-बार उसके मन में यह बात आ रही थी कि उठ कर पूछे कि क्या तू बशीरे का बेटा है। किंतु संकोचवश वह मन मार कर रह गया। बशीरे की याद से आँखें भीग गईं। भरी सभा से छुपाकर उसने आँखें पोंछ लीं।

कसौली में गुरदयाल सिंह कई दिन तक एक डाक्टर परिवार के साथ रहा। डाक्टर के तीन बच्चे थे—लड़का अजीत और दो लड़कियाँ सरला और पुष्पा। अजीत और सरला उसके हमउम्र। डाक्टर को पत्नी के इलाज के लिए दिल्ली जाना पड़ा। कुछ दिनों बाद उन्होंने बेटे अजीत को भी दिल्ली बुला लिया। गुरदयाल अब डाक्टर के परिवार के सदस्य के रूप में ही रहता था भले ही वह अपने कमरे में खाना अलग बनाता। दो बहिनों के साथ अकेले रहना लोगों की नज़रों में खटकरने लगा। किंतु गुरदयाल के दिली संबंध 'समुंदरों डूंघे' होते गए। अपने रागात्मक संबंधों को गुरदयाल सिंह ने संयत एवं कलात्मक संस्पर्श दिया है। 'मढ़ी का दीवा' हो या 'परसा' गुरदयाल सिंह के पास यह हुनर है कि काम की सहज प्रवृत्ति का कोमल एवं सूक्ष्म चित्रण किस सलीके से करना है। एक कुशल चित्रकार की तरह वह जानता है कि तस्वीर में क्या दिखाना है, कितना दिखाना है और किन 'रंगों-रेखाओं' का इस्तेमाल करना है।

वयःसंधि में काम दुंदुभि बजाकर नहीं आता। वह धीमे से दस्तक देता है। शरीर के अंग-अंग में एक सनसनाहट का एहसास होने लगता है। उसका प्रकाश चुंधियाता नहीं, कोहरे में लिपटी किरण की तरह आता है। धीरे-धीरे कोहरा छँटता है और कृशकाय किरण की कोमल ऊष्मा का स्पर्श इंद्रियों के उत्सों में रोमांच भर देता है। अचानक जीवनमंच पर नेपथ्य के अज्ञात संकेत से सपनों का दृश्य परिवर्तन हो जाता है। इसी पृष्ठभूमि में गुरदयाल और सरला ने जो सपने देखे होंगे गुरदयाल सिंह उन्हें आज तक भुला नहीं पाया। उनकी अंतरंगता के कुछ दृश्य—दिहाड़ी पर जाने से पहले वह अपने कमरे में सब्जी बना रहा था। सरला उसके काम में हाथ

बँटाने को तत्पर हुई तो गुरदयाल भावविह्वल हुए बिना न रहा। गुरदयाल के शब्दों में—

उस दिन उसके मेरे पास आ बैठने से मैं हैरान हुआ। कुछ क्षण कुछ भी बोल न पाया। जागते ही बालों को हाथों से सँवारती भीतर चली आई थी। अभी आँखों में नींद का आलस्य था। उसके घने लंबे बालों की एक-दो लटें चेहरे पर झुक आतीं तो बायें हाथ से उन्हें बालों पर पीछे गिराने का यत्न करती परंतु वे फिर ढलक आतीं। लगा कि इतना सुंदर चेहरा पहले कभी न देखा था...जब सरला देगची का ढक्कन हटाकर सब्जी को कड़छी से हिला रही थी तो हवा देने के बहाने फिर उसके सामने आकर बैठ गया। एक बार नज़रें फिर उसके चेहरे पर टिक गईं। उसने भी नज़र मिलाई...

उठ कर चारपाई पर बैठते हुए कुरते की बाँह से ऐसे आँखों को पोंछने लगा जैसे धूएँ से भर गई हों। परन्तु जाने मन कैसे बेकाबू हुआ कि हिचकियाँ भरने लगा।

'हाय मैं मरूँ, तुझे क्या हुआ है? बता न...'

आँखों से आँसू टपकते देख वह भी मन पर काबू नहीं रख पाई। मुझे बच्चों की तरह गले लगा कर बाहों में भर लिया।

उस रोज़ गुरदयाल ने सायं का भोजन दोनों बहिनों के निमंत्रण पर उन्हीं के साथ किया। सोने चला गया तो थोड़ी देर बाद सरला कम्बल ले आई।

— आज सर्दी है यह ओढ़ लेना।

किवाड़ बंद होने से पहले सरला ने एक बार फिर मुड़कर देखा तो छाती में धकधक होने लगी। बहुत रात तक सो नहीं पाया।

'उस दिन के बाद जितनी देर उस परिवार के साथ रहा, न मैं सरला को 'दीदी' कह पाया, न उसने कभी 'बीरा' (भाई) शब्द दोहराया। यह कैसा रिश्ता था, क्यों था, यह कभी समझ नहीं पाया!...वह रिश्ता अभी तक मन में बसा है।'

अतीत उससे जितना दूर होता गया गुरदयाल उसके उतना ही करीब होकर चलता रहा।

आत्मकथा हो या किसी कहानी-उपन्यास के पात्रों के प्रणय-संबंध, गुरदयाल सिंह उन पर ऐसा झीना पर्दा डाल देते हैं कि वे अनावृत भी न हो और पाठक उनकी मांसलता की कल्पना भी कर ले। उक्त पंक्ति 'न मैं सरला को दीदी कह पाया, न उसने कभी बीरा शब्द दोहराया' में प्रतीकात्मकता के सहारे एक पूरी प्रेम कविता का बिंब उभरने लगता है।

विभाजन किसी देश का हो या घर-परिवार का, उससे बहुत कुछ टूट फूट जाता है। पहले पिता अपने बड़े भाई से अलग हुआ और बाद में पारिवारिक मनमुटाव के कारण गुरदयाल सिंह को भी पिता से अलग होकर अपनी गिरस्ती की गाड़ी अकेले ही खींचनी पड़ीं। उसके हिस्से आया 14-10 फुट का एक चौबारा जिसके एक कोने

में नहाने का फर्श, दूसरे में ट्रंक और छोटा-मोटा सामान। एक अलमारी में बर्तन आदि। बरसात और सर्दी में रसोई बरामदे से उठकर कमरे के एक हिस्से में आ जाती। चौथे कोने में चारपाई और मेज पर रखा चित्रकारी का सामान। दिन में तिरखानी का सख्त काम। रात को लालटेन की रौशनी में 'ज्ञानी' परीक्षा की तैयारी। लकड़ी का काम मिलना बंद हुआ तो जैतो के एक दूकानदार ने जालंधर में लोहे की टंकियाँ बनाने का काम दिलवा दिया। पिता के साथ कम करते हुए गुरदयाल इस काम में माहिर हो गया था। काम के वक्त उसकी दुबली-पतली हड्डियाँ लोहे की बन जातीं। अपने ताऊ बिशना की तरह ज़िद पर अड़ जाता तो जनून की हद तक जान लड़ा देता। एक बार तो शर्त लगा कर पिता की सहायता के बिना एक ही दिन में उसने एक बड़ी टंकी बना दी। पिता पूरा यत्न करने पर भी उससे पहले टंकी नहीं बना पाया। और उसने बिना सफैदा लगाए पानी डालकर भी दिखा दिया, एक क़तरा भी बाहर नहीं आया।

वह गर्मी के शुरू में जालंधर पहुँचा। कुछ दिनों में ही गर्मी का प्रकोप बढ़ गया। 'दिन भर धूप से गर्म हुए गार्डर, कील, सरियों तथा पत्तरियों से जैसे आग निकलती। बरामदे की ईंटें भी लोहे की तरह गर्म थीं। उन्हीं के बीच रात को सोना होता। लगता जैसे 'कुंभी नरक'' में काम कर रहा हूँ और रात बिताना जैसे 'भवसागर' पार करना था। दो महीने का काम एक में ही निपटाना चाहा ताकि जल्दी घर लौटना संभव हो। जल्दी तथा मारामारी में रोज़ कहीं न कहीं चोट लग जाती। सख्त गर्मी के कारण जख्म बिना दवाई लगाए ही दो-तीन दिन में ठीक हो जाता।'

करीब सवा महीने में काम समाप्त करने पर जो राशि मिली उससे साल भर गुजारा चलाना था। तंगीतुर्शी के बावजूद रोटी का गुज़ारा मुश्किल से हो रहा था। नए कपड़े बनवाने का तो सवाल ही नहीं था। पत्नी की पुरानी सलवार घुटनों से घिसकर फट गई तो सलवार से बचाकर रखे कपड़े से उसने दो टाकियाँ सिलाई मशीन से लगा लीं।

ज्ञानी पास करके उसने बठिंडा में एक चौबारा किराए पर लेकर 'नेशनल ज्ञानी कॉलेज' का बोर्ड टांग दिया। एक महीने तक एक भी विद्यार्थी ने दाखिला नहीं लिया तो मेज-कुर्सी बेचकर 'कॉलेज' बंद करना पड़ा।

आय का कोई साधन नहीं था। न तो विद्यार्थियों को पढ़ाने का काम था, न ही पहले की तरह लोहे का सख्त काम करने की शरीर में शक्ति बची थी।

अंत में वह दिन भी आ गया जब घर में आटा लाने को पैसा न रहा...एक परचूनिया नमक मिर्च उधार दे देता था परंतु दूध वाला अधिक उधार नहीं करता था। दोनों बच्चों के लिए दूध चाहिए था। पत्नी के लिए यह तलवार की धार पर चलने की स्थिति थी। अचानक उसने अपनी 'सग्गी' ट्रंक से निकाल कर गुरदयाल सिंह से कहा—'इसे बेच दो।' हक्का बक्का होकर वह उसे देखता रह गया। बचपन से

सुनता आया था कि स्त्री से उसके गहने लेना शेरनी का दूध दोहने के समान होता है, परन्तु वह स्वयं अपना सबसे बड़ा और महँगा गहना बेचने को कह रही थी। सग्गी एक सौ सत्ताईस रुपये में बिकी। लेकिन इसी पृष्ठभूमि पर लिखी 'सग्गीफुल' गुरदयाल सिंह की कालजयी कहानी अमूल्य हो गई।

अचानक प्रेमचंद जहन में कौंध गए– 'जाड़े के दिन थे। पास एक कौड़ी न थी। दो दिन एक-एक पैसे का चबैना खाकर काटे थे। मेरे महाजन ने उधार देने से इंकार कर दिया था। मैं एक बुकसेलर की दुकान पर एक किताब बेचने गया। एक चक्रवर्ती गणित कुंजी दो साल हुए खरीदी थी, अब तक उसे बड़े जतन से रखे हुए था पर आज चारों ओर से निराश होकर मैंने उसे बेचने का निश्चय किया। किताब दो रुपये की थी, लेकिन एक रुपये पर सौदा ठीक हुआ।'

हंसराज रहबर ने लिखा–'प्रेमचंद बनकर भी प्रतिकूल परिस्थितियों में इच्छा के विरुद्ध काम करना पड़ा तो मालूम हुआ कि अरमान खाक में मिलाने वाली शक्तियाँ बहुत ही बलवान हैं जिनसे लड़ना परमावश्यक हैं। पाँच सौ पृष्ठ का उपन्यास 'गोदान' इन्हीं अरमानों के खाक में मिलने की कहानी है।'

जैसे तैसे मैट्रिक पास करने पर 1954 में एक प्राइमरी स्कूल में अनट्रेंड अध्यापक की नौकरी मिल गई। प्राईवेट तौर पर एफ.ए., बी.ए. और एम.ए. की परीक्षाएँ पास कीं। स्कूल अध्यापक से कॉलेज में लेक्चरर तथा यूनीवर्सिटी में प्रोफेसर के पद तक पहुँच कर सेवानिवृत्त हुए।

गुरदयाल सिंह की पहली कहानी 1957 में प्रकाशित हुई। 1964 में प्रकाशित 'मढ़ी दा दीवा' उनका पहला उपन्यास था। पाठकों और आलोचकों ने उपन्यास को अनुपम कृति कहा। कल तक गुरदयाल अपनी सशक्त कहानी 'सग्गीफुल' के कारण 'गुरदयाल सिंह सग्गीफुलवाला' के नाम से जाना जाता था, अब 'गुरदयाल सिंह मढ़ी दा दीवा वाला' हो गया और 'परसा' छपने पर 'परसावाला गुरदयाल' बन गया। कहा जाता है कि किसी समाज का जीवन साहित्य में झलकता है। गुरदयाल सिंह का साहित्य समाज में झलकने लग गया। वह अपनी कहानी और उपन्यास के पात्रों में प्रकट हो जाता है। स्वयं उसने स्वीकारा कि परसा के नायक में दस प्रतिशत मैं भी हूँ (शेष 90 प्रतिशत बनने की अवचेतन में चाह रही होगी जो उपन्यास में अभिव्यक्त हुई।)

हिंदी के खयात लेखक विष्णु प्रभाकर एक विदेश यात्रा में 15-20 दिन तक गुरदयाल सिंह के साथ रहे। उन्होंने गुरदयाल सिंह की कोई रचना नहीं पढ़ी थी। जब उन्हें 'मढ़ी दा दीवा' पढ़ने को दिया गया तो वे इससे अत्यंत प्रभावित हुए। उन्होंने कहा– 'सुदीर्घ दुबली-पतली, नाजुक सी काया, आँखों में हल्की हल्की मुस्कान, मुख पर बीच-बीच में उभरती वैसी ही हँसी प्रथम दृष्टि में देखने में ऐसा नहीं लगता कि वह व्यक्ति जिस का नाम गुरदयाल सिंह है वह अंतर्राष्ट्रीय

ख्यातिप्राप्त लेखक है कि वह समाज में व्याप्त पाखंड और शोषण पर इतनी सख़्ती से प्रहार कर सकता है कि आप दर्द से कराह उठें। जिस तरह डिकन्स या तोलस्ताय या शरत चंद्र अपने पात्रों के साथ एकाकार होकर उनकी वेदना-व्यथा का जीते थे, उसी प्रकार गुरदयाल सिंह भी अपने पात्रों के साथ एकरूप हो उठे हैं। इस तरह एकरूप कि वे पीड़ित पात्र तो आँखों से ओझल हो जाते हैं, रह जाते हैं बस गुरदयाल सिंह, जैसे वे पात्र उनका अपना ही रूप हैं।'

'मढ़ी दा दीवा' ने गुरदयाल सिंह को अंग्रेजी कवि बायरन की तरह रातोंरात प्रसिद्धि के चरम पर पहुँचा दिया।

हिंदी के प्रख्यात समीक्षक नामवर सिंह ने 'मढ़ी दा दीवा' का हिन्दी अनुवाद पढ़ा तो उसने जो टिप्पणी की उससे उपन्यास की ख्याति को पंख लग गए। रूसी भाषा में उपन्यास की दस लाख प्रतियाँ प्रकाशित हुईं। साहित्य अकादमी ने देश की सभी भाषाओं में इसे अनूदित किया। 'फिल्मों में साहित्य' विषय के अंतर्गत 'मढ़ी दा दीवा' पर बनी फिल्म को राष्ट्रीय अवार्ड मिला। नामवर सिंह की टिप्पणी थी– 19वीं शताब्दी में जब यूरोप में उपन्यास ह्रासोन्मुख था तो एक पिछड़े देश तथा पिछड़ी कही जाती भाषा के एक उपन्यास ने इसे चढ़त की ओर मोड़ दिया। यह उपन्यास था तालस्ताय की रचना 'युद्ध और शान्ति' और भाषा थी रूसी। ऐसा ही कुछ भारतीय साहित्य के गद्य क्षेत्र में घटा। जब भारतीय उपन्यास अपने शिखर से पतन की ओर जाने लगा तो 20वीं सदी के छठे दशक में, एक पिछड़ी कही जाने वाली भाषा ने इसे चढ़त की ओर मोड़ दिया। यह उपन्यास था–'मढ़ी दा दीवा', उसकी भाषा थी पंजाबी।

'मढ़ी दा दीवा' पहले पढ़ा था। दोबारा पढ़ा– जगसीर, नंदी, भानी, धर्मसिंह और रोणकी सामने आ खड़े हुए। उपन्यास में स्थितियाँ इनती सहज और पात्रों का व्यवहार, क्रियाएँ-चेष्टाएँ इतनी स्वाभाविक हैं कि उन्होंने जो कहा अथवा किया वह घटित होना ही था। गुरदयाल सिंह मात्र दर्शक है–वह घटनाओं को देख रहा है, मात्र श्रोता है जो पात्रों को सुन रहा है। उस देखे सुने को सलीके से परोसने में ही गुरदयाल सिंह की कला का चरमोत्कर्ष है। वह यथार्थ का चितेरा तो है ही, शिल्प के तकाज़ों, के प्रति भी सचेत है जिससे उसका गद्य काव्यात्मक हो उठता है। यथार्थ, कल्पना और कला के सुमेल के कारण वह अपने समकालीन लेखकों से अलग खड़ा दिखाई देता है।

'मढ़ी दा दीवा' के विषय में बहुत कहा गया है। पंजाबी के विख्यात आलोचक डा. जुगिन्दर सिंह राही ने यहाँ तक कह दिया कि पंजाबी उपन्यास के सौ वर्षीय उपन्यास में किसी भी उपन्यास को इतना नहीं सराहा गया जितना गुरदयाल सिंह के पहले उपन्यास 'मढ़ी दा दीवा' को। आखिर क्या है उसमें? संक्षेप में उसकी कहानी और अंतर्वस्तु पर नज़र डालते हैं–

'मढ़ी दा दीवा' जगसीर और भानी की असफल प्रेमकथा है। दोनों समाज के निम्न वर्ग से हैं। जगसीर उसके चेहरे का आधा भाग ही देख कर जैसे मंत्रमुग्ध सा हो गया। किन्तु वह संकोची बना रहा, उसने कभी अपनी मर्दानगी प्रकट नहीं की। भानी उसके रंग-रूप पर मर मिटी। उसने दबे स्वर में कहा—'इतने सुडौल पट्ट...जी चाहता है दंदिए खा जाऊँ!' उसके पति निक्के को भानी का जगसीर के प्रति वासनात्मक झुकाव सहन नहीं हुआ और उस पर हाथ उठा बैठा। भानी दुखी होकर अपने मायके चली गई और लम्बे समय तक वापिस नहीं आई। जगसीर के लिए यह विरह वेदना असह्य हो गई। वह नशे का शिकार होकर चारपाई पकड़ बैठा। मरने से पूर्व अपने मित्र रोणकी से कहा—'निक्के की बहू को कहना रोणका मेरी मढ़ी जरूर पोत दिया करे। बना तो तू देगा ही।'

मौत के तीसरे दिन रोणकी ने देखा कि उस द्वारा बनाई टेढ़ी-मेढ़ी मढ़ी न केवल पुती हुई है बल्कि एक सफेद कपड़ों वाली औरत द्वारा उस पर दीया भी जलाया गया है जिसकी लौ हवा से काँपती फट कर दो होती और फिर स्थिर होकर एक ज्योति बनकर अधिक ऊँचा हो जाती है।

प्रेम के इस कथानक में भूमिहीन जगसीर और जमींदार धर्मसिंह के बेटे भंता के टकराव की कहानी भी है। भंता अपने पिता के उदार और आत्मीय स्वभाव के विपरीत तंगदिल और जाबिर है।

इस तरह 'मढ़ी दा दीवा' में एक ओर सीधे-सरल शोषित वर्ग की संवेदनाओं की मार्मिक तस्वीर है तो दूसरी ओर जातीय तथा वर्गगत अंतर्द्वन्द्व की पीड़ा का दर्दनाक खाका।

गुरदयाल सिंह ने बड़ी मात्रा में साहित्य रचा। उनके 9 उपन्यास, 12 कहानी संग्रह, तीन नाटक, 4 गद्य रचनाएँ, 11 बाल पुस्तकें प्रकाशित हैं। इनके अतिरिक्त दर्जनों लेख तथा शोध पत्र प्रकाशित हुए हैं। आर्थिक तंगी के दिनों में उन्होंने 40 पुस्तकों का अनुवाद भी किया। अपने सात उपन्यासों का हिन्दी अनुवाद उन्होंने स्वयं किया।

कहा जा सकता है कि गुरदयाल सिंह मेहनत का मुजस्समा है। 40 साल के अध्यापन के दौरान 35 वर्ष तक विभिन्न स्थानों पर नियुक्ति के कारण लगातार सफर में बिताए। रोज 50-60 किलोमीटर का सफर गाड़ी या बस में करना पड़ता।

घर-परिवार, नौकरी, सफर! कब लिखीं उसने ढेर सारी पुस्तकें? यह सवाल गुरदयाल सिंह से पूछा गया तो उसने विख्यात पंजाबी कवि हरिभजन सिंह के लहजे में जवाब दिया—'दिन के 25 वें घंटे में'। वह रात के 11 बजे पढ़लिख कर सोता और सुबह चार बजे उठ जाता। आम आदमी जो समय सो कर गंवा देता है उसने उसका सदुपयोग किया। लिखने के लिए अपनी व्यस्त जिंदगी से जैसे समय छीनता रहा। ताश, सिनेमा, दोस्तों से गप्पबाजी उसके लिए वर्जित क्षेत्र रहे और अच्छे कपड़ों

में सजधज या लज़ीज़ खाना कभी उसके शौक में दाखिल नहीं हुए।

कैसे लिखता है गुरदयाल सिंह! वह अपने ज़हन में रचना का पूरा खाका बना लेता है और उसके रंग-रेखाओं की तैयारी मन ही मन करता रहता है। इसके संकेत उसके लुहार का काम करने के हुनर से मिलते हैं। वह दो बार जालंधर में लोहे की टंकियाँ बनाने के लिए गया। दूसरी बार जाने से पहले घर पर पढ़ने-पढ़ाने में लगा रहा। सख्त काम न करने से हाथ कोमल पड़ गए। हाथों को सख्त बनाने के लिए लोहे का काम करने से उंगलियों में और हथेली पर अट्टन पड़ जाते। पहले छाले बनते जो अट्टन में बदल जाते। छालों के बैठने में पीड़ा होती और काम करने में दिक्कत। कुछ दिन काम की रफ्तार धीमी करनी पड़ती। उससे बचने के लिए जालंधर जाने से पहले उसने हवा में हथौड़ा चलाने का अभ्यास किया। यह काम वह पत्नी बलवंत कौर से छिप कर नहाने के समय करता। पत्नी पूछती कि नहाने में इतनी देर क्यों हो जाती है तो उसके आगे झूठ बोलना पड़ता कि शरीर पर तेल की मालिश करता हूँ।

'परसा' लिखने से पहले एक लम्बी अवधि-15 वर्ष तक गुरदयाल सिंह उसकी रूपरेखा पर चिंतन-मनन करते रहे। बाहर तो कुछ भी लिखा हुआ नज़र न आता लेकिन मन के कागज पर वे बहुत कुछ लिख रहे थे, बना रहे थे, काट-छाँट कर रहे थे, एक लंबा पूर्वाभ्यास!

किसी भी बड़े लेखक से अक्सर यह पूछा जाता है कि उसे लिखने की प्रेरणा कहाँ से मिली। गुरदयाल सिंह का कहना है कि उसकी अतिसंवेदनशीलता ने उसे लेखक बनाया। उसका 'पतल चम्मा' होना ही उसके लेखन का कारण बना– 'कुछ लोग पतले चमड़े की भैंस की तरह होते हैं जिनके लाठी लगने से दाग पड़ जाता है, पीड़ा तो अधिक होती ही है। यह गुण सभी लेखकों, कलाकारों में होना आवश्यक है।' कबीर का हवाला देते हैं–

सुखिया सब संसार है खावै और सोवै,
दुखिया दास कबीर है जागै और रोवै।

दूसरों के सुख-दुख को महसूस करने वाले को कभी गहरी नींद नहीं आती। गुरदयाल सिंह के विषय में यह शाब्दिक और लाक्षणिक दोनों अर्थों में सच है। आत्मकथा में यह वाक्य बार-बार आया–'वह रात भी मैंने करवटें लेकर जागते ही गुजारी परन्तु और रातों की तरह यह भी गुजर गई।'

आत्मकथा लेखन के विषय में गुरदयाल सिंह का मत है कि लेखक को जीवन की घटनाओं को तत्कालीन विचारों, भावनाओं तथा विकसित दृष्टिकोण के अनुसार ऐसा स्वरूप प्रदान करना होता है जिससे भोगे हुए जीवन के तथ्य कायम रहें परन्तु ये तथ्य ऐसे ढंग से पेश किए जाएँ जिससे जीवन के गहरे अर्थ समझने की चेतना को प्रखर करने और पाठक के मन पर कोई विशेष प्रभाव अंकित करने का सामर्थ्य

प्रकट हो।

कष्ट और संघर्ष गुरदयाल सिंह के जीवन की क्रूर सच्चाइयाँ हैं। किंतु सुखद सच्चाई यह भी है कि दुख की जिंदगी ने सृजन के जो द्वार खोले वे उसे ख्याति के राजमार्ग पर ले आए। एक रचनाकार के रूप में गुरदयाल सिंह को अनेक संस्थाओं, संस्थानों, साहित्यकारों से जो मान-सम्मान-पुरस्कार प्राप्त हुए वे देश के थोड़े ही साहित्यकारों के हिस्से आए हैं। उनकी चार पुस्तकों को सर्वश्रेष्ठ गल्प रचना पुरस्कार दिए गए। उन्हें पंजाब साहित्य अकादमी अवार्ड, गुरुनानक देव यूनीवर्सिटी अमृतसर से भाई वीर सिंह सम्मान, हिन्दी साहित्य सम्मेलन सम्मान, शिरोमणि साहित्यकार अवार्ड आदि के अतिरिक्त उनके उपन्यास 'अध चाँदनी रात' को भारतीय साहित्य अकादमी पुरस्कार प्रदान किया गया। 1986 में सोवियत लैंड नेहरू पुरस्कार मिला। भारत के राष्ट्रपति ने 1995 में पद्मश्री से अलंकृत किया।

सन् 2000 में साहित्य का सर्वोच्च भारतीय ज्ञानपीठ पुरस्कार प्राप्त हुआ। यह पुरस्कार हिन्दी के लेखक निर्मल वर्मा तथा गुरदयाल सिंह को संयुक्त रूप में दिया गया। इस कारण यह चर्चा के केन्द्र में भी रहा। गुरदयाल सिंह पंजाबी के दूसरे लेखक थे जिन्हें ज्ञानपीठ मिला। अमृता प्रीतम को 18 वर्ष पूर्व यह पुरस्कार दिया गया था। यह सवाल भी उठा कि पुरस्कार राशि (पाँच लाख रुपये) को आधा-आधा न बाँट कर दोनों लेखकों को पाँच-पाँच लाख रुपये दिए जाएँ—इसका आधार बनी निम्न टिप्पणी जो तत्कालीन प्रतिष्ठित पाक्षिक पत्रिका 'सारिका' (16-31 जनवरी 1985) में प्रकाशित हुई थी–

सन् 1973 के पुरस्कार से श्री बेंद्रे और श्री मोहंती को सम्मिलित रूप से पुरस्कृत किया गया। सम्मान समारोह के अवसर पर पधारे दोनों आदरणीय लेखकों के सेवा-सत्कार का दायित्व संभाला ज्ञानपीठ के संस्थापक साहू दम्पति के मँझले पुत्र श्री आलोक प्रकाश जैन ने। पूरे समय वे उनके आतिथ्य में प्रफुल्ल मन से व्यस्त रहे। मगर जब पुरस्कार राशि (तत्कालीन एक लाख रुपये) बराबर-बराबर बाँट दी गई तो श्री जैन का मन खिन्न हो गया। उन्होंने कहा कि भविष्य में यदि एक से अधिक लेखकों को पुरस्कृत किया जाए तो कृपया राशि को कम न करें। ज्ञानपीठ पुरस्कार की राशि भी महत्वपूर्ण है। ऐसी स्थिति आने पर आप मुझसे एक लाख रुपया ले लें लेकिन सम्मानित लेखक को दें वही पूरे एक लाख रुपये न कि पचास-पचास हजार।

श्री आलोक जैन को उक्त टिप्पणी की छायाप्रति सहित पत्र भेजकर वायदा याद करवाया गया कि 'इस वर्ष जिन दो लेखकों को ज्ञानपीठ संयुक्त रूप में देने की घोषणा की गई है, उन्हें निर्धारित राशि पाँच लाख रुपये आधी-आधी बाँट कर देने की बजाय पूरी पाँच-पाँच लाख प्रदान की जाए। हमारी परम्परा में तिलक और मुकुट सम्मान और पुरस्कार के प्रतीक माने गए हैं और तिलक तथा मुकुट कभी

आधे-आधे नहीं हुए।' इसी आशय का पत्र 'जनसत्ता' नई दिल्ली में 'आधा ज्ञानपीठ?' शीर्षकांतर्गत प्रकाशित हुआ। श्री आलोक प्रकाश जैन ने जवाब में मुँह तक नहीं खोला, अपने वायदे पर अमल तो दूर की बात थी।

ज्ञानपीठ मिलने पर गुरदयाल सिंह की चर्चा प्रिंट तथा दृश्य मीडिया में जोरशोर से शुरू हो गई। पत्र-पत्रिकाओं ने उसे विशेष कवरेज दी। टी.वी. तथा फिल्मकारों ने उस पर वृत्त चित्र बनाए। दूरदर्शन ने उसके उपन्यास 'परसा' पर धारावाहिक का निर्माण किया।

गुरदयाल सिंह का साहित्यिक सफर 'राही' उपनाम से लिखी कविताओं से शुरू हुआ था। किंतु उसे लगा कि कविता आसपास के उस खुरदुरे यथार्थ की अक्कासी करने में समर्थ नहीं है जिसे वे भोग रहे थे, देख रहे थे। वे कहानी और उपन्यास की तरफ मुड़े। उनकी कुछेक कहानियाँ, उपन्यास 'मढ़ी दा दीवा, 'अणहोये' (हिंदी में– घर और रास्ता) और 'परसा' क्लासिक कृतियाँ बन गए।

'मढ़ी दा दीवा' का जगसीर, 'अणहोए' का बिशना और परसा ऐसे पात्रों के रूप में उभरे हैं जिनकी तुलना विश्व साहित्य के नामी पात्रों से की जा सकती है संतसिंह सेखों ने बिशना को स्पेनी उपन्यास 'डान कीहोते' के इसी नाम के नायक तथा शेक्सपीयर के नाटक 'हैमलेट' के नायक सा महान कहा जो सदियों तक पाठकों की स्मृतियों में जीवित रहते हैं। परसा के विषय में टी.आर. विनोद ने कहा कि वह 'अणहोये' के नायक से भी अधिक बलवान कद्दावर और महान पात्र है।

गुरदयाल सिंह के जीवन तथा रचनाओं में प्रेमचन्द की प्रतिच्छाया दिखाई देती है– दोनों में समानता के अनेक बिंदु हैं, दोनों अभाव और गरीबी में पले-बढ़े, दोनों की रचनाओं में गाँव के वे पात्र हैं जो उम्रभर जिंदगी से जूझते, गिरते-उठते, रूढ़ियों में जकड़े भाग्य को कोसते या ईश्वर से दो हाथ करने पर उतारू रहे, दोनों के लेखन में शिल्प की तुलना में वस्तु की महत्ता है। 'गुरदयाल सिंह यथार्थवादी धारा के लेखक हैं। उनकी धारा हिन्दी में प्रेमचंद की धारा के समकक्ष है। हिन्दी में प्रेमचंद की धारा का बहुत विकास हुआ है। पंजाबी में गुरदयाल सिंह धारा का विकास अभी अपेक्षित है।'

आंचलिकता गुरदयाल सिंह की अतिरिक्त विशेषता है। पंजाब के मालवा क्षेत्र के कौन से ऐसे घर-आंगन हैं जहाँ गुरदयाल सिंह पूरी विविधता और समग्रता में नहीं पहुँचा। उसने पंजाबी की मलवई भाषा का कलात्मक अभिषेक कर दिया।

गुरदयाल सिंह की आत्मकथा के दो भाग हैं– 'पहली देही' तथा 'दूसरी देही'। अंत में कहा गया है कि आत्मकथा का तीसरा भाग तो नहीं होगा। किन्तु सात रंगों के संस्मरण होंगे। यानी अपने पूरे जीवन में बिखरे सात रंगों का चित्रण। निश्चय ही इन इंद्रधनुषी रंगों से गुरदयाल सिंह की तस्वीर भरी-पूरी और अधिक गहरी दिखाई देगी– एक त्रिआयामी चित्र!

"मेरी प्रेम कविताओं को पढ़कर मेरे प्रेम संबंधों के विषय में सवाल किये जाते हैं। मेरा मानना है कि आम आदमी लोक निंदा के भय से वर्जित संबंधों को खुले में नहीं कहता, जबकि किसी क्षेत्र में ख्याति की बुलंदी पर खड़ा व्यक्ति उस भय को झटक देता है। उसकी स्वीकारोक्तियाँ उसका गुण बन जाती हैं। क्या कोई आम औरत अमृता प्रीतम या कमलादास के स्वर में अपनी बात कह सकती है?"

— हरिभजन सिंह रेणु

हरिभजन सिंह रेणु : भारतीय मिथकों का कवि

कविता उसके आसपास थी, आसपास कहीं भी नहीं थी। इस विरोधाभास की सच्चाई क्या है? घर-परिवार, वातावरण, व्यवसाय, सब कविता विहीन। कविता उसके लिए बावड़ी की तरह थी जिसके शीतल जल तक पहुंचने के लिए कई सीढ़ियां नीचे उतरना पड़ता है। उसने यही किया – मन के भीतर कविता के जलस्रोत तक पहुँचने के लिए वह बहुत सी सीढ़ियाँ उतरता गया - अध्ययन, मनन, चिंतन, संवेदना, कल्पना की दुनिया में बार-बार आना-जाना कहीं इतना आह्लादजनक हुआ कि उसे सृजन के द्वार तक ले गया। फिर मेरे घर तों तेरे घर तक, तेरे घर तों मेरे घर तक की जो कविता यात्रा शुरू हुई वह आज तक जारी है।

उसके भीतर था कविता का स्रोत, प्यार का सैलाब जो उसे बेचैन किए रहता था। चढ़ती उम्र एक सैलाब ही है जो मर्यादा-नियम-विधान के कूल-किनारों को तोड़ती है।

हरिभजन सिंह रेणु की पहली पुस्तक 'भूख' में प्रेम की भूख मुखर है। प्रेम की भूख और पेट की भूख आदिम अवस्था से आज तक आदमी का पीछा कर रही है। या, यह कि आदमी ताउम्र इस द्विधा भूख की तृप्ति के लिए न जाने क्या-क्या नहीं कर गुजरता।

भूख के ये दोनों रूप रेणु की कविता में पालथी मारे बैठे हुए हैं।

उसकी प्रेम कविताओं को अनावृत करके देखते हैं तो बात कवि के प्रेम संबंधों तक पहुंचती है। रेणु का मानना है कि आम आदमी लोक निंदा के भय से वर्जित संबंधों को खुले में नहीं कहता जबकि किसी भी क्षेत्र में ख्याति की बुलंदी पर खड़ा व्यक्ति उस भय को झटक देता है। उस व्यक्ति विशेष की स्वीकारोक्तियाँ उसका गुण बन जाती हैं और उसे साफगोई, सच्चाई, ईमानदारी के अलंकारों से विभूषित करती हैं। रेणु अपनी बात की पुष्टि में अमृता प्रीतम तथा कमला दास के उदाहरण पेश करता है। तो क्या रेणु उस मुकाम पर पहुंच गया है कि अपने कमज़ोर या तथाकथित कमज़ोर क्षणों को सार्वजनिक कर सके। वह इन्कार में सिर हिलाता है। एक अंतरंग दायरे तक ही वह अपने भेद बाँटता है या फिर उन अनुभवों पर

कला की चाशनी चढ़ा कर उन्हें कविता के रूप में परोसता है। यह कहते हुए कि वह इतना महान कहाँ हुआ है कि अपनी महानता की छतरी के नीचे बैठकर सब कुछ कह सके। महान होने की स्थिति में भी उन एकान्तिक क्षणों को सार्वजनिक करने का न कोई औचित्य है न उपादेयता। अपने तक सीमित रखने पर वे ऊर्जा के एक अजस्र स्रोत का काम करते रहते हैं।

रेणु को अपनी जन्म तिथि का सही ज्ञान नहीं है। अनुमानित तिथि 7 मई 1941 है। संयोगवश महीना और तिथि वही है जो महाकवि रवींद्रनाथ ठाकुर की है। अरजादा (जिला स्यालकोट अब पाकिस्तान) में जन्मा रेणु विभाजन के बाद परिवार के साथ सिरसा आ गया। अपने जन्म स्थान और निकट के रेलवे स्टेशन अलीपुर को रेणु भूल नहीं पाया जहाँ रेलगाड़ी सुबह-शाम आती, रुकती, चली जाती। घर से परदेस जाने वाले और परदेस से घर आने वाले यात्री चढ़ते-उतरते। पशु चराते बच्चे कौतुक नजरों रेलगाड़ी और भीतर बैठे यात्रियों को देखते ऊंची आवाज में सासरीकाल कहते और रेल की सीटी के साथ सीटी मारते।

अरजादा एक छोटा-सा गाँव था जहाँ रेणु का परिवार गाँव की जरूरत के हल-पंजाली बनाता। परिवार के कुछ लोग दिहाड़ी पर दूर-निकट के गांवों में आते-जाते। पिता साधु सिंह अनपढ़ थे पर उन्हें हीर और कुछ किस्से जुबानी याद, जिन्हें वे गुनगुनाते रहते। चाचा प्यारा सिंह अपने हुनर में माहिर। रेणु ने कहा है कि 'जब मैं कविता से बात नहीं कर रहा होता तो आधी धूप-आधी छाँव में अपने पुश्तैनी काम में लगा किसी बंदूक का हत्था बना रहा होता हूँ या किसी राइफल का घोड़ा तोड़ रहा होता हूँ तो चाचाजी याद आते हैं जो कहा करते कि जब कुछ बने नहीं, तो तोड़कर जोड़ने की कोशिश करो, नया बनाने का ढंग सीख जाओगे। मैं सोचता हूँ कि कविता भी मेहनत से बनाई-सिंगारी जा सकती है। उसमें से भी अवांछनीय पुराना निकाल कर कुछ नया रखा जा सकता है या सनातन विश्वासों अथवा मिथकों को वर्तमान संदर्भ से जोड़ा जा सकता है।' स्कूली पढ़ाई रेणु को रास नहीं आई। छठी कक्षा में ही उसने स्कूल छोड़ दिया और घर पर रहकर जद्दी काम करना शुरू किया। सिरसा आने पर गाँव के पुराने काम ने नया रूप ले लिया था-दरांती, रंबा, हल-पंजाली की जगह ट्रैक्टर-ट्राली और बंदूकों की मरम्मत का काम शुरू हो गया था।

घर-दूकान के सामने शनिश्चर का मंदिर। पुजारी दिन में लोगों के हाथ देखता, राहू-केतु की दशा उतारने के उपाय बताता और रात वह भूत-प्रेतों के किस्से सुनाता जिसमें रेणु भी रुचि लेता। पड़ौस में एक बुजुर्ग जुगल किशोर रहता था जो भट्ठी पर चने भूनता। उसके पास रूप बसंत, कादरयार का पूरन भगत, तुलसीदास की रामायण तथा वारिस की हीर आदि पुस्तकें थीं। रेणु ने हीर के सिवा सभी पुस्तकें पढ़ी। हीर पढ़ने के लिए उस बुजुर्ग ने मना कर दिया था। घर पर चाचा जी ने जपुजी

साहब, साखियाँ, जिंदगी बिलास आदि पढ़ने को दीं और इस तरह उसे पढ़ने की चटक लग गई। कुछ साल बाद रेणु ने प्राइवेट मैट्रिक की परीक्षा पास कर ज्ञानी की परीक्षा की तैयार की किंतु परीक्षा में नहीं बैठा। दूकान पर काम करना पड़ता था, परिवार की आर्थिक स्थिति को पटरी पर रखने के लिए भरसक सहयोग देना पड़ता।

रेणु अपनी वेशभूषा के प्रति निहायत लापरवाह है। स्वभाव में रूखापन इस हद तक कि उसे अक्खड़ कहा जा सकता है। उसने कभी गाली गलौज नहीं किया, न हाथापाई लेकिन उसकी सख्तकलामी हाथापाई का न्यौता देती प्रतीत होती है। सरकार-समाज की नुक्ताचीनी प्रायः सुनने में आती रहती है। किंतु रेणु उसमें अधिक मुखर हो जाता है, इतना कि लगता है वह जीवन के उज्जवल पक्ष की तरफ पीठ किए बैठा है। नकार का यह स्वर उसकी कविता का स्रोत भी है और सीमा भी।

बातचीत के दौरान वह 'अच्छा' शब्द का प्रयोग इस ढंग से करता है कि इसका अर्थ 'सब अच्छा' नहीं होता। 'अच्छा' से वह व्यंग्य, उपेक्षा, घृणा, असहमति, आश्चर्य, उपहास आदि किस भाव को प्रकट कर रहा है श्रोता के लिए जानना मुश्किल है, वह भौचक्का होकर रेणु के चेहरे से 'अच्छा' की जटिलता को समझने की नाकाम कोशिश करता है।

प्राचीन रूढ़ियों और आस्तिकता के विरोध में वह घंटों बहस करता है और याद नहीं आता कि इस बहस में वह कभी परास्त हुआ हो। ताश और शतरंज में अक्सर दोस्तों से बाज़ी मार जाता है। इन्हीं 'खूबियों' के कारण उसके मित्र एक नज़र शनिश्चर के मंदिर पर और दूसरी रेणु के चेहरे पर डालते हुए कहते कि शनिश्चर के सामने शनिश्चर रहता है।

रेणु ने 18-19 साल की उम्र में कविता लिखना शुरू किया। इस उम्र में आकाश से तारे तोड़ने की हिम्मत होती है। दिन में जागते हुए भी सपने देखने की उम्र। वर्जित फल की प्राप्ति के लिए बहिश्त तक छोड़ने को तत्पर। मिलने का सुख ब्रह्मानन्द सहोदर और विरह कहर की यातना सा। लेकिन मिलने से कविता नहीं उपजती, कविता का स्रोत तो विरह में है। रेणु की कविता का जन्म भी हिज्र की घड़ियों में हुआ-

लूं-लूं अंदर यादाँ रोवण
रग रग अंदर पीड़ाँ हस्सण
तन हिज्र दे अंग साकां दा
वसदा इक संसार वे।

लिखना जब शुरू हुआ तो लिखने का भूत सवार हो गया भले ही उस समय न शब्दों का सही ज्ञान, न भाषा अथवा छंद-अलंकार की समझ। धीरे- धीरे साहित्य के जानकार लोगों से मिलना हुआ। उनमें एक थे ज्ञानी हरभजन सिंह जो सूरजप्रकाश

की कथा किया करते। वे प्रो.साहब सिंह के शिष्य रह चुके थे। उन्हीं से रेणु को शब्दों के गहन अर्थ और भावों की गहराई का ज्ञान हुआ। पंजाबी साहित्य का समसामयिक परिचय भी उन्हीं की बदौलत हुआ। करतार सिंह बलग्गण की 'कविता' और गुरबख्श सिंह की 'प्रीतलड़ी' ने कथ्य की नई जमीन और शिल्प की अधुनातन जानकारी दी।

रेणु को एक रास्ता मिल गया। उसी राह पर उसकी भेंट प्रो0 छीना, प्रो0 साकी, डा0 गुरचरन सिंह, डा0 जीत सिंह सीतल, डा0 प्रेमसिंह आदि विख्यात साहित्यकारों से हुई। उसकी पहली कविता 1962 में अमृतसर से प्रकाशित 'कहानी' पत्रिका में प्रकाशित हुई। इसके बाद अनेक पत्र-पत्रिकाओं में प्रकाशन का सिलसिला शुरू हो गया। कविता क्या है, यह रेणु को पता चल गया। उसने कहा—मन की कोमल, अतृप्त, अपूर्ण भावनाओं की वेगमयी अभिव्यक्ति और कल्पनाओं को यथार्थ होते देखने की प्रबल इच्छा ही कविता है।

अपनी रचना प्रक्रिया के विषय में रेणु का कहना है कि कोई भी भाषा इतनी गरीब नहीं होती कि वह किसी भाव को खूबसूरती से व्यक्त न कर सके। कवि नए शब्दों का निर्माण भी करता है। कहते हैं टैगोर ने दो हजार नए शब्द बंगला भाषा को दिए। इसलिए कमी भाषा में नहीं, लेखक के ज्ञानकोश में हो सकती है। हाँ, कई बार ऐसा होता है कि भावावेग इतना प्रबल होता है कि विचार प्रवाह को शब्द पकड़ नहीं पाते। अक्सर जो सोचा जाता है वह सम्पूर्णतः लिखा नहीं जा सकता। विचार जिस प्रकार आते हैं उसी तरह लिखे नहीं जा सकते। लिखते वक्त कुछ परिवर्तन जरूरी है। यह रचना प्रक्रिया का हिस्सा है न कि कवि की कमज़ोरी। कई साधारण शब्द भी गहरा अर्थ दे जाते हैं। निर्भर करता है शब्दों पर, शब्दों की यथास्थान जड़त पर। कई बार बीच में छोड़ी बात भी उंगली पकड़कर दूर तक ले जाती है। कवि-मन तो वह वस्तु-भंडार है इसमें जितना जीवन अनुभव संगृहीत किया जाए उससे कई गुणा अधिक और कई रूपों में प्राप्त किया जा सकता है। हमारा लोक विरसा बहुत समृद्ध है।

कविता का अपना सच है। वास्तव में वह कल्पना का सच होता है। कई बार कोई घटना इतनी अप्रत्याशित और त्रासद होती है कि उस क्षण कविता भी निष्प्राण हो जाती है। ऐसे ही क्षण को रेणु ने शब्द दिएः

मेरी कविता दस्सां किस थां गुम्मी है,
भीड़ां चौंक च मिद्धी है कमजोर तरहाँ।

(मेरी कविता कहाँ खो गई ? उसे तो एक कमज़ोर व्यक्ति की तरह
चौक में इकट्ठी हुई भीड़ ने कुचल दिया।)

सिरसा में एक बड़ी हवेली है जिसके बीच से एक सार्वजनिक गली गुजरती है। गली चलते व्यक्ति को दोनों तरफ हवेली की दीवारों पर बने पौराणिक चित्र

सहज ही दिख जाते हैं। भारतीय इतिहास के पात्रों और मिथकीय देवी-देवताओं संबंधी इन चित्रें ने रेणु के किशोर मन को प्रभावित किया था। उसने न केवल इनके विषय में प्राचीन ग्रंथों से अधिक जानकारी प्राप्त की अपितु इन मिथकीय पात्रों को अपनी कविता में नए अर्थ दिए।

उन मिथकों का सौंदर्य रेणु की निम्न कविताओं में देखा जा सकता हैः

सेह का तकला, इतिहास बोलदा हां, वसीयत, किते गिया ही नहीं,
केहड़ी लीला है, बुध फेर मुस्कराया है।

रेणु की पहली पुस्तक 'भुक्ख' (भूख) 1970 में प्रकाशित हुई। उसकी कविता जिस परंपरा से होकर गुजरी उसमें प्यार और विरह की जड़ें बहुत गहरी हैं। 'भुक्ख' में रेणु की कलम उसी रंग में डूबी हुई है – अमृता प्रीतम, शिव बटालवी और मोहन सिंह के रूमानी लेखन का प्रभाव उसकी कविता में स्पष्ट दिखाई देता है। किंतु उसकी परवर्ती रचनाओं में सामाजिक सरोकार हावी हुए हैं। प्रगतिशील विचारधारा से वह इस कदर आक्रांत हुआ कि कविता उसके लिए वैयक्तिक भावाभिव्यक्ति की बजाए लोकचिंतन में बदल गई। दूसरी पुस्तक "अगन पंखेरू" भाषा विभाग हरियाणा द्वारा तथा तीसरी "मस्तक अंदर सूरज" हरियाणा साहित्य अकादमी द्वारा पुरस्कृत हुई। चौथी पुस्तक "अंटीने ते बैठी सोनचिड़ी" (1999) को हरियाणा पंजाबी साहित्य अकादमी ने वर्ष 1999-2000 की श्रेष्ठ काव्य कृति का पुरस्कार प्रदान किया। विद्वान समीक्षकों तथा सामान्य पाठकों ने रेणु की विचार परिपक्वता तथा भावप्रवणता की एक स्वर में सराहना की। 'अगन पंखेरू' तक आकर जहाँ कविता धर्म की नकारात्मक भूमिका के प्रति सचेत हुई वहाँ रेणु भी धार्मिक पाखंडों-सामाजिक रूढ़ियों से मुक्त हो गया और खुदा की ज़ात से मुनकिर।

जैसा कि कहा गया है "भुक्ख" के बाद की कृतियों में रेणु का विचार पक्ष प्रबल रूप में प्रकट हुआ है। "अगन पंखेरू" में वह विद्रोही और जुझारू हुआ है लेकिन मानवीय मूल्यों के प्रति सचेत रहते हुए। देखा गया है कि विचार से लैस कविता का शिल्प शिथिल हो जाता है किंतु रेणु की कविता इस दोष से मुक्त है। कविता का स्वर कहीं भी उपदेशात्मक या प्रचारात्मक नहीं होता और इस तरह उसका कलात्मक पक्ष आहत होने से बचा रहता है। "मस्तक अंदर सूरज" में सूरज का प्रतीक प्रायः सभी प्रगतिशील कवियों की तरह ऊर्जाधर्मा है और समाजार्थिक अंधकार के नकार के रूप में उभरता है। इन्कलाब प्रगतिशील कवियों का सर्वस्वीकृत लक्ष्य रहा है, रेणु भी उसी दिशा में अग्रसर है। "अंटीने ते बैठी सोनचिड़ी" में रेणु एक दृढ़ निश्चयी कवि के रूप में पाले के एक तरफ खड़ा हो जाता है। उसके सामने खड़े हैं समाज विरोधी तत्व, कविता को चुटकुलों में बदलते कवियों की भौंडी हरकतें, निहित स्वार्थों की पूर्ति के लिए पाले बदलते साहित्यकार, जनहित के मुद्दों का बहाना बनाकर जेबें भरते राजनेता। कहा रेणु ने –

सच दे पहरेदार/झूठ दी बोली बोलदे ने
हुण गंगा तपदे ठारण लई नहीं
जहर फैलावण लई ल्याई जांदी है।

(''अंटीने ते बैठी सोनचिड़ी'' से)

रेणु की रचना प्रक्रिया के विषय में एक मार्क्सवादी समीक्षक डा.सुखदेव सिंह ने लिखा- वह लकड़ी या लोहे के टुकड़े को मनचाहा रूप देते हुए शब्दों से भी मनचाहे अर्थ निकालने का हुनर जानता है। अनुभव से तपकर लेखन में प्रवृत्त रेणु के हाथ में कलम एक गर्म सरिये की तरह हैः वह दांत नहीं पीसता, गर्म सरिये को पलोसता रहता है और जिस शब्द के पास तीर की नोक सी जीभ न हो उसे जंग लगी कील की तरह कूड़े में फेंक देता है।

एक सृजनशील पंजाबी आलोचक ने ''अंटीने ते बैठी सोनचिड़ी'' संग्रह पर टिप्पणी करते हुए कहा है- महाभारत तथा रामायण के नायक-नायिकाओं की नई परिस्थितियों के अनुसार प्रस्तुति, सिख इतिहास के नायकों को नए अर्थ देने का कमाल, अछूते प्रतीक तथा बिम्बों का प्रयोग, सहज भाषा, नई शैली कवि को दूसरे कवियों से अलग ही नहीं करती, उसे मजबूती से पैर रखने की धरती प्रदान करती है। समग्र कविता अध्ययन के लिए नए मानदण्डों की मांग करती है। टिप्पणी का अंतिम वाक्य औपचारिक न होकर सारगर्भित है। इस विषय में हम आगे चर्चा करेंगे।

रेणु को पढ़ते हुए बेसाख्ता कबीर याद आते हैं। देखें, रेणु को कबीर के साथ खड़ा करना कितना वाजिब है। कबीर एक-साथ निर्गुण भक्ति तथा सामाजिक सरोकारों का कवि है। रेणु की कविता प्रेम तथा सामाजिक प्रतिबद्धता की पक्षधर है। कबीर खड्डी पर कपड़ा बुनता है। रेणु लकड़ी-लोहे के औजारों का मिस्तरी है। यानी दोनों दिल, दिमाग और हाथ से काम करने वाले।

कबीर ने काशी के पण्डितों से लोहा लिया। उसने सख्त शब्दों में कहा- जो तू बाम्हन बाम्हनी जाया, आन बाट ते क्यों नहीं आया। रेणु ने सीधे तो नहीं, कविता के दायरे में रहते हुए सामाजिक-धार्मिक रूढ़ियों का खण्डन किया। अपनी कविता 'वसीयत' में वह उच्च वर्ग को चेतावनी देता है-

लहू तां साडा इको सी ना
ते उस लहू दी सौंह
असीं हुण तैथों / हर उत्तर मंगांगे।

(खून तो हमारा एक-सा ही था/ उसी खून की कसम/ हम तुझ से / हर उत्तर मांगेंगे।)

साहित्य के कुछ तथाकथित ''डाक्टरों'' के पांडित्य को सार्वजनिक चुनौती देने में वह पीछे नहीं रहा। इसी वजह से वह उनका दुश्मन बन गया। कबीर की तरह

रेणु ने उलटबासियाँ नहीं लिखीं किंतु उसकी कुछ कविताओं का अर्थ कॉलेज-विश्वविद्यालयों के अध्यापकों को समझने में मगजपच्ची करनी पड़ती है। उसकी एक गजल के निम्न शे'र के अपनी-अपनी पसंद के अर्थ निकाले गए हैं-

जित्थे जाके मर गिआ है, हौंसला इंसान दा,
रब्ब पैदा हो गिआ है बंदगी दे वास्ते।

रेणु की प्रेम कविताएं (कबीर के भक्ति काव्य की तरह) शारीरिक वासना से ऊपर उठी हुई हैं। उन पर आध्यात्मिकता का लेबल तो नहीं लगाया जा सकता किंतु वे उदात्त प्रेम की भावना से जरूर पूरित हैं। यह भी कि उन कविताओं की पृष्ठभूमि में देह नहीं है, यह नहीं कहा जा सकता। कबीर के लिए प्रेम का घर "खाला का घर" नहीं है, रेणु भी मिर्जा और फरहाद की तरह

मौसम की मार झेलना और पहाड़ काटने के कष्ट उठाना जानता है -

सिखर दुपहरे जंड दे थल्ले ना सौवांगे,
तेसे नाल पहाड़ करांगे कणियाँ-कणियाँ।

रेणु जहां कबीर से अलग खड़ा है वह है उसका नास्तिक दर्शन में अटूट विश्वास। किंतु सोद्‌देश्य रचनाकर्म में आस्था तथा अग्निधर्मा सच की पक्षधरता उसे फिर कबीर के नजदीक ले जाती है।

एक कविता रेणु ने षष्ठि पूर्ति के अवसर पर एक अनौपचारिक गोष्ठी में सुनाई— "मेरे नाल तुरो" (मेरे साथ चलो)। इस छोटी सी कविता के आकलन के लिए क्या नए मापदंड दरकार नहीं जिनकी तरफ ऊपर एक टिप्पणी में संकेत किया गया है। विवेच्य कविता अर्थों के इतने दरवाजे खोलती है कि उनमें प्रवेश करने पर साहस एक समारोह में बदल जाता है। अच्छी दुनिया के निर्माण की अदम्य इच्छा, अंधेरे के विरुद्ध लामबंदी और अन्याय के खिलाफ रणभेरी के स्वर सुनाई देते हैं। कविता की शुरुआती पंक्ति (मैंने कब कहा/मेरे साथ चलो) और अंत में इसके दोहराव का व्यंग्य इतना ही चुनौती भरा है जितना कबीर का यह दोहा -

कबिरा खड़ा बाजार में लिए लुकाठी हाथ,
जो घर जारे आपना चले हमारे साथ।

(यहां "बाजार" सार्वजनिक चुनौती का प्रतीक है तो "लुकाठी" प्रकाश, जागरूकता, संघर्ष, प्रहार, परिवर्तन आदि का बहुअर्थी प्रतीक है। दूसरी पंक्ति में है उद्‌देश्य की पूर्ति हेतु लामबंदी तथा पूर्ण न्यौछावर भाव, आज की भाषा में अटूट प्रतिबद्धता।)

"मेरे नाल तुरो" की समालोचना करते समय उम्मीद है, पंजाबी समीक्षक इसकी वस्तु और कला का आकलन किसी घिसीपिटी शब्दावली और भोथरे औजारों से नहीं करेंगे। इसके मारक फैलाव और ऊर्जा के सैलाब को समेटने के लिए वे पश्चिम के, विशेषतः अंग्रेजी के आलोचक को ध्यान में रखेंगे जो कविता की गहराई

तक जाने में अधिक अध्यवसायी रहा है। शेक्सपीयर, वड्र्सवर्थ, बायरन, शेली, कीट्स, टेनीसन आदि की कविता को क्लासिकी में बदलने का बड़ा श्रेय अंग्रेजी के समालोचकों को जाता है (मैक्समूलर, गेटे के बिना हमारा संस्कृत वाङ्मय भी क्या अपने प्राचीन वैभव को वर्तमान में प्रकट कर पाता)। कीट्स की प्रसिद्ध कविता "ला बैले डेम सैंस मर्सी" में चार शब्दों की एक पंक्ति- "एंड नो बड्र्स सिंग" के भाव सौन्दर्य को आलोचकों ने सिर पर बिठा लिया। समालोचकों में इतनी सघन आत्मीयता भारतीय भाषाओं में कम देखने में आई है। हिंदी कविता में, पंजाबी में भी यही स्थिति होगी, क्या किसी एक वजनदार पंक्ति को समालोचक ने रेखांकित किया, सिवाय अज्ञेय की एकाध पंक्ति के। जबकि विभिन्न रचनाओं में अनेक पंक्तियां नाना अर्थ-छवियों से भरपूर हैं।

"मेरे नाल तुरो" की ये पंक्तियां देखें-

जे हनेरा चीर के पार करना है
तां मैं मशाल जगा लवां
कुझ गीतां दियां धुनां बना लवां
तीरां दियां मुखियाँ लवा लवां
(यदि अंधेरा पार करना है
तो मैं मशाल जला लूं
कुछ गीतों की धुनें बना लूं
तीरों को सान पर चढ़ा लूं)

पहली पंक्ति में ही एक बड़ी लड़ाई लड़ने का संकेत है। किसी व्यक्ति या देश के विरुद्ध नहीं अपितु अंधेरे के खिलाफ। अंधेरा या अन्याय जहां कहीं भी है, उसके विरूद्ध एक बड़े पैमाने पर जद्दोजहद, एक बड़ी लड़ाई।

आगे की तीनों पंक्तियां इस लड़ाई को एक सांस्कृतिक उत्सव में बदलती हैं। मशाल जलाना, गीतों की धुनें बनाना, तीरों को सान पर चढ़ाना - ये सब प्रतीक और बिम्ब उतने ही बड़े अर्थों की तहें खोलते हैं जितनी बड़ी लड़ाई है। इसलिए यह युद्ध एक संस्कृति की पृष्ठभूमि और सांस्कृतिक परंपरा की ऊर्जा के बिना नहीं लड़ा जा सकता। अंधेरे से लड़ाई आज, कल या बरस दो बरस की लड़ाई नहीं है। इसके लिए चिरस्थायी मानसिकता विकसित करने की जरूरत है। इस तरह की मानसिकता संस्कृति का हिस्सा बने बिना संभव नहीं। इन पंक्तियों में उत्साह, सृजन की ऊर्जा और युद्धोन्माद का अद्भुत सम्मिलन है। किसी महाकाव्य के युद्ध सर्ग का परिदृश्य - जहां अंधेरे के बिलमुकाबिल रोशनी की व्यूह रचना, प्रयाणगीत की धुन, युद्धघोष, कूच का ऐलान, नगारे-रणभेरी दिखाई-सुनाई पड़ते हैं। हां, दोहराना लाज़िमी है कि उक्त तीन पंक्तियों में सांस्कृतिक उत्सव प्राणवान हुआ है। युद्ध के त्रि-आयामी चित्र पूरी तरह उभरने लगते हैं - हमारी कल्पना में आकार लेते हैं मां-बहिन या पत्नी के

हाथ में रोली-चावल-दीप सजे थाल और उनके सामने खड़े जिरहबख़्तर पहने, ढाल-तलवार-तरकश की पारंपरिक वेशभूषा में सुसज्जित योद्धा, ऊंचे उठे मस्तक पर तिलक करवाते हुए। मशाल उठाए, युद्धगीत गाते रणबांकुरों की कतारें। युद्ध का एक भरा पूरा पैनोरमा।

सृजन का स्वभाव है कि उसकी गहराई तक पहुंचने के लिए सच को आग में रूपांतरित करना पड़ता है - अग्नि के तीन गुण हैं-प्रकाश,उष्मा,ऊर्जा।

ऋग्वेद की दस हजार ऋचाओं में सर्वाधिक ऋचाएं अग्नि की स्तुति में ही की गई हैं। ऐसा अग्निधर्मा सच कहने के लिए फक्कड़ होना लाज़िम है। कबीर की

तर्ज़ पर (जो घर जारै आपना चले हमारे साथ)। सच के प्रति रेणु की प्रतिबद्धता उसकी चारित्रिक विशिष्टता एवं सोद्देश्य रचनाधर्म में आस्था के कारण है जिसका अहसास 'मेरे नाल तुरो' में पग-पग पर होता है।

रेणु को हरियाणा पंजाबी साहित्य अकादमी द्वारा कविता का सर्वोच्च सम्मान भाई संतोख सिंह पुरस्कार 2001 मिल चुका है। उसकी कलम की यात्रा जारी है क्योंकि उसने अपनी पहली पुस्तक 'भुक्ख' में स्वयं को संबोधित जो पंक्तियाँ कही थीं वे आज भी सचेतक का काम करती हैं-

तुरदा रहु तूं पांधिया अजे रात बहुत है,
भुक्खाँ दे किस्से कहण नूं अजे बात बहुत है।

❑❑❑

अनुकथन
शब्द के आठ कदमों की सार्थक यात्रा

श्री पूरन मुद्गल की सुचिंतित कृति 'शब्द के आठ कदम' हिन्दी और पंजाबी के चार-चार रचनाकारों पर लिखी गई एक पठनीय रचना है। इन रचनाकारों के चयन का मापदंड स्वयं लेखक का है। हिन्दी के रचनाकार हैं—हंसराज रहबर, उदयभानु हंस, सुगनचंद मुक्तेश और कमला चमोला। हिन्दी का संसार बहुत व्यापक और विस्तृत है, इसलिए कई बार किसी एक या दो प्रदेशों में भली प्रकार परिचित साहित्यकार, अनेक साहित्येतर कारणों से प्रदेश की सीमाओं से पूरी तरह नहीं निकल पाते।

हंसराज रहबर हिन्दी संसार का सुपरिचित नाम है। अपनी वैचारिक प्रतिबद्धता और तीखेपन के कारण वे लेखक बिरादरी में सदैव चर्चा का केन्द्र रहते थे। श्री मुद्गल ने उनके जीवन का आत्मीयता पूर्ण चित्रण किया है। अपनी आत्मकथा 'मेरे सात जन्म' में रहबर ने अपने जीवन के अनेक प्रसंगों को उभारा है। प्रत्येक लेखक अपने जीवन में अनेक संस्कारगत और वैचारिक घाटियों में से गुज़रता है और कई बार तो उसमें अद्भुत विरोधाभास भी दिखाई देता है। रहबर ने अपने ऊपर पड़े सात प्रभावों की चर्चा की है—सनातनी, आर्य समाजी, कांग्रेसी, सोशलिस्ट कांग्रेसी, कम्युनिस्ट, मार्क्सी कम्युनिस्ट, नक्सलवादी। इस लम्बी वैचारिक यात्रा में उन्होंने प्रगतिशील आन्दोलन से जुड़े लेखकों को कोसा, गालिब और गाँधी को बेनकाब किया; और गुरु गोविंद सिंह और स्वामी विवेकानंद की जीवनियाँ लिखीं।

व्यक्तिगत रूप से मैं रहबर जी से खूब परिचित रहा हूँ। उनसे प्रायः भेंट होती थी। उनका गुस्सा और तीखापन मुझे बहुत लुभाता था। इसके लिए मैं उन्हें कभी-कभी छेड़ भी देता था। एक बार मैंने उनसे कहा—रहबर साहब, आपने गालिब और गाँधी को तो बेनकाब कर दिया, माओ को कब करेंगे?

मेरी बात से उनके क्रोध का पारा एकदम चढ़ गया। इसके बाद उन्होंने मेरी जो गति बनाई मुझे आज तक याद है।

श्री मुद्गल जी ने हंसराज रहबर के जीवन की जो अंतरंग झाँकी प्रस्तुत की है वह बड़ी रोचक है। इस क्रम में दूसरे साहित्यकार उदयभानु हंस हैं। इनसे भी मेरा

बहुत पुराना परिचय हैं। इनके द्वारा रचित महाकाव्य 'संत सिपाही' बहुत समादृत और चर्चित है। मैंने उनकी कविताओं के माध्यम से तो उन्हें जाना ही था, उस महाकाव्य से उनकी प्रतिभा की गहरी छाप मुझ पर पड़ी।

कुछ समय से हिन्दी के आलोचना क्षेत्र में एक विचित्र सी स्थिति विकसित हो गई है। कुछ स्वनामधन्य आलोचकों ने अपनी सोच का दायरा बहुत सीमित कर लिया है और अपनी अहमन्यता में वे जिस-तिस को साहित्यक्षेत्र से मनमाने ढंग से खारिज करते रहते हैं। उदयभानु हंस भी इस प्रवृति के शिकार रहे हैं। लोकप्रिय कवि, ऐसे आलोचकों की दृष्टि में, साहित्यिक कवि नहीं रहता।

काव्य सृजन की दृष्टि से हंस की दृष्टि बहुत साफ है। मैं उनकी इस बात से सहमत हूँ कि कविता छन्द मुक्त हो ही नहीं सकती। हाँ, मुक्त छंद की कविता संभव है...मूल अर्थ में छंद एक लय के संगीतभय प्रवाह का नाम है, जो कविता का प्राण होता है।

सुगनचंद मुक्तेश से मेरा व्यक्तिगत परिचय नहीं रहा। उनके द्वारा सृजित साहित्य से भी मैं अनजान हूँ, यह मेरा दुर्भाग्य है। मुद्‌गल जो के माध्यम से मैं उनके सम्बन्ध में जो कुछ जान सका उससे मेरी जिज्ञासा बढ़ गई है।

एक बात हंसराज रहबर, उदभानु हंस और सुगनचंद मुक्तेश में समान है। इन सभी ने अपना जीवन अत्यन्त संघर्षपूर्ण स्थितियों में से गुजरते हुए व्यतीत किया। इनकी सृजनधर्मी जिजीविषा सदा इनके साथ रही, वही इनका मार्ग प्रशस्त करती रही।

बाल साहित्य की चर्चित लेखिका होने के कारण श्रीमती कमला चमोला के नाम से मैं परिचित हूँ। यह सच है कि हिन्दी में विपुल बाल साहित्य लिखा जाता है किन्तु उसे अभी तक वह स्थान और प्रतिष्ठा नहीं मिली, जो अनेक विदेशी साहित्य में उसे प्राप्त है। पराग जैसी पत्रिका के प्रकाशन का स्थगित हो जाना भी इस दृष्टि से एक संघातक घटना थी।

मुद्‌गल जी ने पंजाबी के चार साहित्यकारों, करतार सिंह सुमेर, गुरशरन सिंह, गुरदयाल सिंह और हरिभजन सिंह रेणु का चयन अपनी पसंद से किया है, फिर भी इस चुनाव से पंजाबी साहित्य का पूरा परिदृश्य हमारे सामने उभर आता है।

करतार सिंह सुमेर अपने समय के बहुचर्चित चित्रकार और कवि थे। अपनी माँ की हृदय विदारक मृत्यु को उन्होंने अपने बाल जीवन में अपनी आँखों से देखा था। इस दुर्घटना का उनके सम्पूर्ण जीवन और चिंतन पर प्रभाव पड़ना बहुत स्वाभाविक था। इस संदर्भ में ये पंक्तियाँ बहुत सटीक है—"यूँ मौत और जिंदगी की व्याख्या उसके जीवन का लक्ष्य बन गया। व्याख्या के लिए उसने जो औजार चुने वे अत्यन्त सूक्ष्म थे, फूल से हल्के, सागर से गहरे, कुदरत के रंगों से चमकते-वह एक साथ कवि, चिंतक और चित्रकार बन गया।"

नाट्यकर्मी गुरशरन सिंह अपने क्षेत्र की लिविंग लीजेण्ड हैं। पंजाब के अत्यन्त संकटमयी दिनों में उन्होंने जिस प्रकार अपने नाटकों को पूरी तरह लोकशैली में, पंजाब के गाँव-गाँव में जाकर प्रस्तुत किया वह इतिहास के पृष्ठों पर अंकित हो चुका हैं। मुद्गल जी ने सही लिखा है कि गाँव-गाँव घूम कर गुरशरन सिंह ने धार्मिक कट्टरता, आतंकवाद, जनविरोधी राजनीति के खिलाफ आवाज़ बुलंद की, रुढ़ियों की लोरी सुन-सुनकर ऊँघते समाज को जागृत करने की अलख जगाई।

गुरशरन सिंह की प्रतिबद्धता ने उनके नाटकों को सोद्देश्य बना दिया। पंजाबी के अनेक आलोचकों ने उनके नाटकों को कलात्मक कम और प्रचारात्मक अधिक कहा है। किन्तु गुरशरन सिंह ने ऐसी आलोचनाओं की रत्ती भर भी परवाह नहीं की और अपने निर्धारित मार्ग पर बड़ी दृढ़ता से वे निरन्तर चलते रहे हैं।

यदि नाट्यकर्मी के रूप में गुरशरन सिंह का नाम अनन्य है तो उपन्यास के क्षेत्र में गुरदयाल सिंह को आज पंजाबी का शिखर पुरुष कहा जा सकता है।

मढ़ी दा दीवा, अणहोए, परसा, जैसे उपन्यासों ने उन्हें हिन्दी में बहुत लोकप्रियता दिलाई। पंजाब के मालवा क्षेत्र के जनजीवन को, वहाँ की भाषा की छटा में, गुरदयाल सिंह ने अपनी रचनाओं में बड़ी सफलतापूर्वक चित्रित किया है।

यह मेरी सीमा है कि मैं हरिभजन सिंह रेणु के सृजन से अधिक परिचित नहीं हो सका। मुद्गल जी के माध्यम से ही मैं इस तथ्य से परिचित हो सका कि उनकी कृतियाँ बहुत समादृत हुई हैं और अनेक अकादमियों द्वारा पुरस्कृत हुई हैं। 'शब्द के आठ कदम' को मैंने आद्योपांत पढ़ा और आनंदित हुआ। ऐसी रचनाएँ भाषाओं की सीमाओं का अतिक्रमण करके सुधी पाठकों के मध्य अपना स्थान निर्धारित करती हैं।

—महीप सिंह

एच-108, शिवाजी पार्क, नई दिल्ली-26